云冈石窟
文化及其传播研究

刘鸿庆◎著

中国国际广播出版社

图书在版编目（CIP）数据

云冈石窟文化及其传播研究 / 刘鸿庆著 . —— 北京：
中国国际广播出版社，2022.2
　ISBN 978-7-5078-5093-2

　Ⅰ . ①云… Ⅱ . ①刘… Ⅲ . ①云岗石窟－文化研究
Ⅳ . ① K879.22

中国版本图书馆 CIP 数据核字（2022）第 031847 号

著　　者	刘鸿庆	
责任编辑	乌誉菡	
校　　对	张　娜	
设　　计	中北传媒	

出版发行	中国国际广播出版社有限公司 ［010-89508207（传真）］
社　　址	北京市丰台区榴乡路 88 号石榴中心 2 号楼 1701
	邮编：100079
印　　刷	廊坊市海涛印刷有限公司

开　　本	170×240　1/16
字　　数	185 千字
印　　张	12.25
版　　次	2023 年 2 月北京第一版
印　　次	2023 年 2 月第一次印刷
定　　价	58.00 元

前　言

　　云冈石窟作为巨型石窟艺术，是中国古代传统文化艺术的瑰宝。它规模宏大，雕刻艺术精湛，造像内容丰富，形象生动感人。近年来，在政府的倡导和支持下，云冈石窟积极寻求各种传播途径展示自己的文化内涵和艺术魅力，新增设云冈博物馆、美术馆、院史馆、皮影木偶表演馆、影视厅等多种文化项目，在"一带一路"倡议下，云冈石窟文化立足既定空间，走向世界的传播意义非凡。

　　本书以"云冈石窟文化及其传播研究"为选题，在内容编排上共设置五章，第一章研究云冈石窟艺术价值及其发展，分析云冈石窟文献；第二章基于云冈石窟中的舞蹈与造型文化视角，分析云冈石窟中舞蹈形象的表情特征、云冈石窟中的"飞天"伎乐舞文化、云冈石窟中窟顶造型的文化艺术、云冈石窟中造像的造型特色与文化多样性；第三章研究云冈石窟中的装饰图案与文化，内容囊括云冈石窟中的莲花装饰图案、云冈石窟中的忍冬纹装饰图案与双维度文化下的云冈造像纹饰形制；第四章诠释了云冈石窟文化的传播方式与保护，并对数字化理念下云冈石窟文化的保护进行探究；第五章对电子媒介视域下云冈石窟文化的传播路径、融媒体视域下云冈石窟文化的传播路径进行了分析。

　　全书内容新颖、体系完整、重点突出、条理清晰，在探讨云冈文化与云冈石窟艺术的基础上，分析云冈石窟的文化传播及其创新策略。努力使理论上有所创新，理论联系实际上有所突破，建立有效、全面、科学的研究机制。

本书由 2018 年度教育部人文社会科学研究一般项目"跨文化交流视角下英语国家云冈石窟文献的整理、翻译与研究"（项目编号：18YJCZH098）资助，是该项目的最终（标志性）成果。同时获得山西大同大学外国语学院"一院一品"项目"基于云冈学的应用型翻译人才培养模式探索"的支持。

笔者在撰写本书的过程中得到了许多专家学者的帮助和指导，在此表示诚挚的谢意。由于笔者水平有限，加之时间仓促，书中所涉及的内容难免有疏漏之处，希望各位读者多提宝贵意见，以便笔者进一步修改，使之更加完善。

目 录
CONTENTS

第一章

关于云冈石窟

第一节　云冈石窟艺术价值及其发展

一、云冈石窟的艺术价值

（一）云冈石窟艺术价值的体现

纵观我国的石窟艺术，云冈石窟是唐代以前我国佛教艺术石刻造像的重要代表作，也是中国佛教造像艺术史中的高峰之一。云冈石窟不仅在佛造像艺术方面有其独特的风采，在艺术风格方面也有其独特价值。云冈石窟是中原文化与异域风采相结合的产物，同时也是多种文化、艺术兼容并蓄的清晰实证。

云冈石窟开凿于公元 460 年，第一期工程的昙曜五窟为云冈石窟气魄最宏大的窟群。云冈石窟的开凿得益于北魏开国时期的大规模徙民活动。北魏王朝逐步统一了北方地区，并将国都从内蒙古盛乐迁至平城（今山西大同），随后大量人口从华北、关中及河西等地区来到平城，这其中就有大量佛教信徒。

北魏文成帝同样崇信佛教，文成帝和平初（460 年），北魏著名高僧昙曜选择了钟灵毓秀的武州山，开凿了雄伟壮观的昙曜五窟。

昙曜，其家世、生平等不详。其自小出家，早年修行于北凉。魏太武帝拓跋焘灭北凉后，昙曜亦被北魏所虏押往平城。但他依然坚守自己的信念，始终不为生死所动。在平城，昙曜与北魏太子拓跋晃结为莫逆之交。

与笃信道教的父亲拓跋焘截然不同，拓跋晃生性向佛。当太武帝诏令灭佛之时，拓跋晃有意缓宣并走露风声，因此有一批僧侣得以逃脱，昙曜即其中之一。但拓跋晃自己却为父亲的灭佛之举痛心疾首，最终抑郁而死。

拓跋晃之子拓跋濬（文成帝）即位后，下诏复法，并请父亲的好友昙曜出任沙门统。昙曜继任沙门统后，深感责任重大。在经历了惨烈悲壮的灭佛劫难之后，他在找寻一种能够更好地弘扬佛法的形式，避免像以往的经像法物那样在遭遇政治势力的摧残时荡然无存。

开凿云冈石窟的动议就是在这种情况下萌发的。

据《魏书·释老志》记载："昙曜白帝，于京城西武州塞，凿山石壁，开窟五所，镌建佛像各一，高者七十尺，次六十尺，雕饰奇伟，冠于一世。"❶

云冈石窟虽然是由北魏皇室主持开凿的皇家寺院，意识形态特征明显，但是其艺术品的属性是不容改变的。历经 1500 余年，云冈石窟的艺术价值依旧被世人认可，并在当地经济、政治和文化中发挥着重要作用，这种价值得以传承至今的原因也是值得深究的。

云冈石窟依山开凿，东西绵延 1 公里，存有主要石窟 45 个，附属石窟 209 个，雕刻面积达 18000 余平方米。造像最高为 17 米，最小为 2 厘米，佛龛 1100 多个，大小造像 59000 余尊。从 20 窟中最大的释迦坐像到 15 窟中万佛洞上的小佛像，工匠都将雕刻技艺发挥得淋漓尽致。云冈石窟不仅在佛造像艺术上美不胜收，而且在各个时期均有不同的造像特点和审美风格，是当时各种生活景象的间接反映，这体现了汉代以来民族传统艺术与佛教的发展与融合，有着显著的艺术价值。

云冈石窟主要的内容为佛造像和描述佛本生故事的刻像。精美的佛像雕塑、生动的佛本生故事和绘有飞天的壁画都能给人以美的感受，这种美的感受不仅是形式上的美感，同时也有感情上的一种震撼。比如，第 20 窟的大佛雕像，虽然佛像的前壁和窟顶已崩塌，但凭借大佛雕像 13 米的巨大身躯、背光的火焰纹与华美的飞天浮雕，仍旧可以感受北魏辉煌的历史以及文化艺术的兴盛，这种形式上的"大"能给人带来视觉和心理上的冲击，这也是云冈石窟审美特征的一个方面。

---

❶　参见魏收的《魏书·释老志》，卷一一四。

在佛教文化中，"佛"是完美的代名词，是一切美好的象征。虽然人们没有见过也并不知道佛真正的样貌，但佛教徒一直以来就有以"经典中佛"与"心中之佛"为佛造像的传统，即以经典中记载的形象与理想中完美的形象相结合的形式为佛造像。

云冈石窟中的佛像在对"美"的表现上不同于中国以往的佛教造像。一般情况下，佛教造像都是根据佛经中的描述和记载，再结合匠人们的想象建筑的，如敦煌石窟的佛像雕塑和绘画表现的都是天上的佛，这些佛在现实中是不存在对象的，完全是一种理想中的佛。

云冈石窟的佛有不一样的特点，尤其是昙曜五窟，对佛像的表现是将其与帝王像相结合，帝王相貌特征成为佛像相貌特征的来源。随着时间的推移，在特定历史条件下，它们具有的审美价值就越来越突出。昙曜五窟代表皇家建筑，必须符合皇室的身份，因而呈现出恢宏的美感，其在艺术上的价值与在意识形态上的作用是结合在一起的。随着时代的变化，当时的政治权利关系已经消失，艺术价值受到了更多的重视。

云冈石窟的审美特征除在佛像造型上有所体现外，还表现在它的石窟寺形制上。与之同时产生的石窟寺艺术是融石窟的建筑形式、雕塑和壁画为一体的综合性艺术。

人类按照美的规律来创造文化与艺术，在改造自然的历程中不断感知美的存在，营造充满美好的社会环境与人文氛围。所以，美的演化实际上是与人类社会的发展相同步、相交织的，共存于人类演化的历史长河之中。

云冈石窟在 2001 年被联合国列为世界文化遗产，同时作为中国重点文物保护单位，重视的不仅是其历史文化价值，更是考虑到其艺术与美学价值。云冈石窟表现出的是北魏时期人民高超的雕塑艺术和虔诚，其所表现出的艺术上的价值不仅体现在其历史价值上，还因为它的艺术特征影响了后期一些石窟寺雕塑的风格，甚至有学者提出了"云冈模式"来突出其艺术价值的独特性，可见云冈石窟寺佛教雕塑的艺术价值。

（二）云冈石窟艺术价值及其文化认同

文化认同是一种群体文化认同的感觉，是一种个体被群体的文化影响的感觉。它虽然与政治认同有相似之处，但是不是同义重复。文化认同，尤其是对外来文化价值的认同，足以瓦解一国的政治制度、一个民族的凝聚力；反之，本国人民对自身文化的强烈认同是该国自立于世界民族之林的伟大精神力量，可使民族在竞争中立于不败之地。

在全球化社会背景下，文化认同是被讨论得越来越多的一个话题，大到一个国家、一个民族，小到一个区域、一个群体，文化认同都普遍存在着。与文化认同密切相关的是文化控制，文化控制的目的在于推动文化认同的形成。虽然文化认同似乎没有文化控制的强制力，但是文化认同的形成在某种意义上也显示了文化控制的产生，两者是互为关联的。

"认同"在心理学概念中是指一个人将其他个人或群体的行为方式、态度观念、价值标准等经由模仿、内化，而使其本人与他人或群体趋于一致的心路历程。随着研究的发展，对认同的研究也逐渐从心理学、社会学方面开始转向对人文科学的研究，并且逐步细化，要研究艺术与族群认同和文化身份的构建之间的关系、审美经验与现实审美活动如何作为文化理想的潜意识表述等问题。在全球化的今天，艺术与身份认同、审美与文化表述相互间的关系问题正日益引起人类学、美学、文化研究、文学批评等多学科的注意。

在文化与艺术的很多方面，尤其是各种类型的审美形式在集体认同的形成过程中起到重要的作用，如舞蹈、音乐、歌曲、视觉艺术、文学、戏剧和说故事。有些表现形式是传统的，也有一些是当代的，但所有这些形式都有助于本土认同的形成。因为每一种表现形式都可以说是表达和建构了本土认同。

艺术形式与文化认同之间存在着密切的关系，这种关系不仅存在于当代，在传统的艺术形式中也是存在的。文化认同是具有普遍性的，但是还是要看到文化认同的特殊性和差异性，如果片面强调文化认同的普遍性和共同性，就会导致对认同问题的民族、文化、地域、种族等的特殊性、具体性和差异性的忽视。因此，我们要对"认同"的概念"去本质化"理解，不把特定的认同包括民族认同看作普遍的，而看作具有历史、文化的具体性的认同。因而，对文化认同的研究需要考虑特定的时代背景和地区特征。

云冈石窟是一种在特定时代具有特定代表性的艺术形式，是多元文化融合下产生的艺术形式，在文化认同上发挥着巨大的作用。文化认同问题与云冈石窟的雕塑的艺术特征有着密切的联系。虽然云冈石窟建设时，统治者并没有意识到这种雕塑能够在文化认同上起作用，但是这种意识形态层面的潜移默化确实在促进各民族之间的文化认同上起到了一定的作用。文化认同不仅存在于国家层面上，也存在于民族层面上，云冈石窟的艺术形式在文化认同上的作用在这两个方面都有体现。

北魏是中国历史上一个比较特殊的王朝，鲜卑族取得了对中原地区的统治权，这也是少数民族第一次取得对汉族的统治。鲜卑族由于过着游牧生活，在文化程度上远不及中原地区的汉族，想要获得长久的统治，必须要考虑所统治族群的文化认同问题。

历史证明，北魏皇帝们都在不同程度上推行了汉化政策，在少数民族与中原地区的融合上作出了很大的贡献。这一时期，不同民族逐渐形成文化认同，实现民族大融合，并且也巩固了国家的政权。云冈石窟建设风格的变化也体现了这一点，云冈石窟的建设贯穿了北魏的兴起、兴盛、衰落乃至灭亡的整个过程，而云冈石窟各个阶段的艺术风格也反映了佛教从西域传来之后逐步汉化的过程，其中也包括了鲜卑族的汉化进程。

北魏鲜卑族以游牧生活为主，骁勇善战，政权的获得首先就是要求军事上的胜利。鲜卑族拓拔氏部族在十六国混战时期取得了政权，建立了中国历史上第一个少数民族统一中原的政权。中原汉族以农田耕作为主要经济来源，相对于游牧民族来说有更大的稳定性，在本民族的文化方面也较为发达。中原地区向来崇尚的是儒家文化与思想，北魏统治者取得对中原的统治之后，也开始接受并且提倡儒家文化，统治阶级同时提倡儒家和佛教的做法加速了民族融合，佛教在此发挥着与儒教相等的作用，甚至在平民阶层中影响更大。

　　文化的内部结构就像一座金字塔，底层是物质文化，中层是制度和社会文化，顶层是精神文化。文化的这三个层次之间不是孤立的，而是互相影响的。艺术在文化的体系中并不是独立存在的，总是与特定群体的生活方式、传统习俗、价值观念和信仰体系紧密相连，因此带有明显的身份特征，它事实上起到维系特定社会成员之间的认同的作用。

　　艺术作为精神文化层面的产物，密切地与物质生活、社会政治制度联系在一起。云冈石窟的艺术风格带有明显的身份特征，就是皇权对佛教的认可。这种认可不仅支持着佛教的大力发展，同时也成为凝聚国家的内在驱动力的一个方面。相同的信仰可以把不同民族的人们团结在一起。

　　北魏时期，佛教文化在促进不同民族达成共同的文化认同上起着至关重要的作用。作为表现佛教的艺术形式，石窟寺的建设也体现了这一点。云冈石窟的三期分类根据石窟造像的时间和造像的风格特征进行划分，三个时期的特征变化显现出的是佛教进入中原后逐渐汉化的过程。

　　第一期造像以昙曜五窟为代表。此时的造像是在汉代造像的基础上吸收印度艺术各流派而创造的新艺术形式。这一时期，有的雕塑保留了古印度时期全部用平阶梯式剖面表示衣纹的形式，有的雕塑则采用比较圆润的线条来雕刻衣服的纹路，后者明显有了一些汉化的特征。可见，在北魏王朝初期，中国佛教文化还较多地保留着印度佛教的色彩，同时也发展出了汉传佛教自己的艺术风格。

　　第二期的建造主要集中在孝文帝时期。在整个北魏王朝中，孝文帝时期的汉化政策最为彻底，除了实行迁都政策之外，还试图从文化习俗上改变鲜卑族，包括改汉姓及改穿汉服等。这些政策的影响也体现在了云冈石窟的佛造像上，此时的佛像穿上了当时汉人一般穿着的衣服，佛像的整体风格呈现出一个汉化的过程，独立成为中国式的佛教艺术，也为后来佛教艺术的发展奠定了基础。

第三期建造的佛造像，"秀骨清像"为其最大特色。该时期的佛造像在雕刻技巧方面同南朝人物绘画技巧结合了起来，在南朝清秀隽永的人物绘画技巧的影响下，云冈石窟晚期佛造像普遍呈现出修长飘然以及简洁俊逸的特征。北魏迁都洛阳对石窟的开凿也产生了影响，云冈石窟的造像不再崇尚复杂化。❶ 此时期，北魏已经将政权中心转移到洛阳，且在洛阳开凿了龙门石窟，而云冈石窟的后续开凿则是一些遗留在平城的少数鲜卑族贵族所为，整体艺术风格也与前、中期有所区别。

从最开始的保留印度雕刻特征的佛教雕塑到雕刻纹路、服饰风格的变化，云冈石窟雕塑所显现的是印度佛教传入中国后，结合当时的社会状况，逐渐开始形成自己的特点的过程。同时，它显示的也是鲜卑族的统治者逐步接受汉族文化的一个过程，在这样一个过程中，文化认同也逐渐形成。

云冈石窟艺术形式上所呈现出的文化认同的形成，一方面是源自印度佛教的逐渐本土化，佛造像逐渐有了汉传佛教的风格；另一方面则表现在汉文化对鲜卑文化的逐步同化上。早期的云间石窟塑像还保留了一些游牧民族的相貌特征，到中、后期乃至之后在洛阳建立的龙门石窟，已经逐步呈现出汉族的服饰风格和造像特征。这是汉文化对鲜卑文化的同化作用的显现，不仅是北魏王朝统治者的选择，更是一种历史的必然发展。

不同民族的文化必然存在差异性，但不同民族之间却能存在共同的信仰，这种信仰上的相同使得各民族之间的关系得以拉近，结合北魏统治者所采取的其他的汉化政策，鲜卑族逐渐拉近与汉族之间的距离，这样无疑对促进民族文化的融合起到了巨大的作用，云冈石窟既是历史的产物，也是历史的见证。

---

❶ 陈秋静.云冈石窟造像艺术的符号学解读［J］.城市建设理论研究，2015（1）：70-71.

二、云冈石窟艺术价值的发展

（一）云冈石窟艺术形式与文化整体

作为一种与社会意识形态密切联系的艺术形式，中国古代雕塑艺术往往具有多方面的价值。一处古代雕塑艺术作品的发掘和出现常常能给社会带来许多新的思考，为人类学、风俗学、铸造史、冶炼史、军事史和政治史提供新的结论。

在当代，云冈石窟已经开始得到政府部门和学术界的重视，对其各方面的研究也已然是一个重要的学术话题。从最早的建筑学研究到社会文化乃至审美价值的研究，对云冈石窟的全方位研究已经是不争的事实，学者们也从各个层面挖掘云冈石窟的文化艺术价值。在政府部门的组织和支持下，云冈石窟的开发及保护工作也在积极地进行，将文化价值转变为经济价值成为政府利用的一个重点。

自中华人民共和国成立以来，云冈石窟的保护工作一直在进行，主要是为了减少石窟的风化和雨水的侵蚀。今天旅游业的发展建立在保护的基础之上，更得益于现代技术的发达，对石窟的保护又有了比起以前更加先进的手段。

因为云冈石窟艺术的文化艺术价值，对其学术价值的重视和官方的保护得以持续。作为一个文化整体，云冈石窟的价值是多方面的，包括历史价值、文化价值和经济价值等，从各个不同的层面分析云冈石窟有着不同的价值表现。

云冈石窟最初进入学术界的视野是由于其建筑方面的成就。日本古建筑学家常盘大定所著的《支那佛教史迹踏查记》使云冈石窟开始进入学术研究的视野，并且让整个学术界为之震惊。中国最早的研究也是从在此之后的史料考证和中国营造学社对云冈石窟的考察研究开始的，进入中国文化视野下的研究主要是从历史和建筑两方面展开的。

云冈石窟在石窟寺雕塑和石窟寺建筑方面的价值是不可否认的。作为直接在山体上开凿的巨型石窟寺，云冈石窟在建筑学和美学上的价值可以直观地得到体现。云冈石窟虽然表现的是外来的佛教艺术，但是在建筑风格上依旧沿用中国的旧有式样，在结构上也保留了中国的原有风格，而并未受到国外建筑形式的影响，受外来风格影响的部分仅表现在佛造像的装饰与雕刻形式上。

作为历史遗存，云冈石窟见证了一个王朝从建立之初到最后灭亡的全部过程。历史学家们从云冈石窟的雕塑内容和艺术风格等方面可以看出不同时代里北魏历史融合的进度、艺术水平的发展、佛教艺术的传播，可以从一些碑碣文字和相关文献中对某些历史事实进行考证，云冈石窟的历史文物价值也得到了重视。

历史学界对云冈石窟的研究也一直是一个重点，并且有很大的成果。北魏的《魏书》《水经注》等史料都提到了云冈石窟的状况，对于史料的真实性和考察当时的社会风貌都有着积极的呼应作用。历史学家阎文儒先生就根据时间和佛像艺术风格的转变将云冈石窟的各个石窟进行了分类和编号，其成果一直沿用到今天。

作为雕刻在石头上的王朝，北魏在中国历史上有着重要的地位，不仅民族大融合的形成值得我们去探讨，而且北魏时期的经济、文化等方面的成就也值得历史学界去研究。

云冈石窟在历史方面的价值也值得去深入挖掘和发现。云冈石窟的造像和雕刻除了描述佛教经典里的佛本生故事外，还有许多飞天与乐伎的雕刻。这些雕刻作为当时社会生活的写照，有助于我们了解舞蹈与音乐等艺术形式在当时社会中的发展情况。比如，第 12 窟离垢地菩萨洞由于窟内的前室雕成一组辉煌壮丽的舞蹈场面，刻有生动的演奏乐人，还有清晰可辨的各种乐器，因此也被称为音乐窟。离垢地菩萨洞在我国石窟艺术中是极为珍贵的，既描绘了佛国净土的舞乐境界，又展示了北魏王朝在极盛时期北方文化绚烂的一页，为研究鲜卑族文化提供了宝贵的实物资料。

作为物质文化遗产，云冈石窟在当代更是具有巨大的文化价值和经济价值。对于以云冈石窟作为城市地标的大同而言，云冈石窟在发展旅游业和招商引资中发挥着重大的作用。云冈石窟自 2001 年被评为"世界文化遗产"后，极大地提高了大同的城市地位，并且也得到了国家和当地的重视。因云冈石窟等佛教雕塑的大量存在，作为"雕塑之都"的大同也积极地以云冈石窟为品牌树立城市形象，以大同文化节为契机，招商引资，发展当地经济。对云冈石窟文化资源的合理利用也确实为当地的经济发展注入了活力，文化资源优势成为发展第三产业的吸引力。

在当代社会，云冈石窟更是作为一个文化整体而存在，各方面的价值都是不能割裂的，是相互联系、相互作用的。将云冈石窟作为多种价值的核心载体，将其作为一个文化整体来进行研究，不仅要结合不同的时代背景，而且要对其艺术价值有一个集中的认识和把握。

（二）云冈石窟艺术价值的当代体现

山西位于太行山以西，地势以山地和丘陵为主，有着丰富的煤炭资源，同时又在现代中国红色革命史上有着重要的地位，物质资源和文化资源都十分丰富。云冈石窟位于山西大同市郊，是中国5世纪到6世纪的中国佛教石窟艺术的代表，于2001年被联合国评为"世界文化遗产"，与敦煌莫高窟、洛阳龙门石窟和麦积山石窟并称为"中国四大石窟艺术宝库"，并且被大同市列为旅游景点，成为当地发展旅游业的一个品牌。同时，大同市也是我国的首批历史文化名城。

大同因煤炭资源较为丰富，被称作"中国煤都"；由于佛教雕塑众多，也被称为"中国雕塑之都"。靠煤炭来发展属于资源消耗型城市，而旅游业则属于可持续利用和发展的第二行业。大同有着丰富的历史文化资源，以云冈石窟为中心的文化旅游产业在大同的经济发展中发挥着重大作用。

近些年来，由于国家的经济转型，政府提倡走可持续发展道路以及进行产业结构调整，旅游业成为当地发展经济的一个重点。对此，大同市也采取了一些政策来深入挖掘云冈石窟的旅游价值。从云冈石窟这样一个雕塑艺术的宝库，可以看到中国先民们的智慧和中国文化的博大精深。

在发展旅游业的同时，当地对于云冈石窟的文化和历史研究也十分重视。

2009 年 10 月，山西大同大学召开了"云冈文化论坛"。学者们在文化论坛上从文物保护、历史研究以及艺术研究等各个方面对云冈石窟的佛教塑像进行了研究，扩大了云冈石窟研究在学术界的影响。

在学术研究上，虽然云冈石窟的研究较敦煌石窟的研究而言相对比较少，但当地对于云冈石窟研究的重视还是在很大程度上促进了云冈研究的发展。山西大同大学成立了专门的云冈文化研究中心，对云冈石窟进行集中研究。现在大同市也有针对云冈石窟研究展开的专门的国际研讨会，对它进行美术、艺术与技术方面的分析，还有许多相关的出版物，如 2006 年出版的《2005 年云冈国际学术研究会论文集》、2010 年的大同艺术文化节上首发的《中国大同雕塑全集》、2019 年出版的《云冈石窟全集》等。

虽然云冈石窟曾是北魏王朝的皇家寺院，但如今任何人只要感兴趣就可以去参观，云冈石窟象征性的统治隐喻已经不复存在。如今，变成"爱国主义教育基地"的云冈石窟以其艺术性价值成为游客们观赏的对象。

从旅游景点的开发来看，云冈石窟接待着来自世界各地的游客。当地政府把它作为爱国主义教育基地，也是基于云冈石窟显示了中华民族的智慧，是中国文化的一种体现。此外，从大同旅游文化节的设立来看，文化节是大同为了宣传以云冈石窟为主的旅游文化而开展的大型主题活动。

云冈石窟至今已经有 1500 多年的历史。从北魏时期的佛教场所到今天的旅游景点，石窟寺一直都在发挥着它的社会功能。时至今日，云冈石窟已经不再是当时的佛教圣地，但是其艺术价值却得到了越来越多的肯定。受多元文化融合影响而产生的云冈石窟已经成为当地文化的一种象征。

作为旅游景点的云冈石窟发挥着它的经济价值，在文化上，当地的学者也在加大对其各方面的研究，不断扩大云冈文化品牌的经济价值。政府在对云冈石窟文化品牌价值的利用上更注重其作为物质遗产能够给城市带来的品牌提升和创造的经济价值。云冈石窟在传播艺术价值的同时，与主流意识形态之间保持着密切的关系。云冈石窟已经建窟 1500 余年，至今依旧在为我们所用，作为我们的研究对象，发挥着其历史文化作用；作为城市名片，推动着当代雕塑艺术的发展。可见，当地对云冈文化资源的整合和利用是合理有效的，云冈石窟的当代社会价值突出地表现在它作为文化品牌对经济的拉动作用上。

综观近几年大同市政府工作报告，我们可以看到，北魏古城和云冈石窟等文化品牌的架构和推广在历年的政府工作中都是重中之重；同时，大同市政府还借助文化资源进行招商引资，为当地的经济发展引入外来资本。此外，云冈石窟在推动当地雕塑艺术的发展上也起着重要的作用，不管是雕塑双年展，还是对学习雕塑的优秀学生的嘉奖，都是政府对云冈文化的利用和肯定，这对促进新的文化产业的发展具有很重要的意义。

（三）云冈石窟的未来展望

在当今世界，云冈石窟作为物质文化遗产，更是作为一个文化整体而存在。随着时代的进步，其艺术价值也会受到更多的重视，并且会有新的价值发现；其作为文化资产也会在当地的经济文化建设中发挥更重要的作用。云冈石窟作为地方的代表性建筑，正在积极地扩大自身知名度，寻求各种能够为城市发展作出更多贡献的方法。

"物质文化遗产"定义是指以物质形式存在的、不可移动的文化遗产。属于世界物质文化遗产的云冈石窟是不可再生的物体，因此，云冈石窟的保护工作也就显得十分重要。因为同非物质文化传承存在的问题一样，物质文化遗产本身一旦受到破坏也是无法恢复的。

物质文化遗产的唯一性和不可再生性决定了它的稀有性和增值性。云冈石窟物质文化遗产的身份使得对其的保护工作在未来仍然会是当地政府工作的一个重心。云冈石窟位于"煤都"大同，周围煤矿较多，因而空气质量并不理想，并且由于大同地区风沙较大，加上雨水的侵蚀，云冈石窟的保护工作也是必需的。

随着新科技手段的产生和运用，现在云冈石窟研究院已经开始建立云冈石窟的三维模拟，这种数据的记载有助于我们在信息上保存云冈石窟的原貌，起到保护文物的作用，积极地利用新科技将来也必然会实现云冈石窟的"模拟游"。

作为文化资产，云冈石窟在大同市的经济文化发展中起到了积极的作用。但是，在古代曾属于中国边疆地带的大同市，相比洛阳龙门石窟更加偏远，石窟寺的规模及受重视与保护的程度又不及敦煌石窟。实际上，云冈石窟如今的处境犹如藏在深巷中的美酒，即使散发着浓烈的香味，但并不一定会被人闻到，所以"走出去"对包括云冈石窟在内的大同文化的发展而言是一个新的考验。

2011年，《欢乐中国行》剧组走进大同，制作了《魅力大同》的节目，并且在央视上连续放映几次，这种面向全国观众的节目对大同是一个很好的宣传活动。这件事情也在大同引起了人们的热议，一方面，节目确实够扩大了大同作为历史文化名城在中国的影响，让人们对大同有一个大致的了解；另一方面，几个小时的节目并不能完整地介绍大同地区，云冈石窟作为其中的一个部分也无法得到全面详细地介绍。

随着互联网的兴起，各种新媒体与新的传播方式不断出现，传播速度快、接收信息方便、人人都能参与等优势是传统媒体不能比拟的。互联网时代的社交媒体已经在生活中发挥着重要的作用，图片、视频等传播方式已经逐渐取代了单纯的文本传播方式，成为新时代人们获取信息的新渠道，也为云冈石窟文化传播提供了一条新路径。

云冈石窟的价值包括艺术价值、学术价值和文化价值等方方面面，虽然随着时代背景的变化，总体价值的侧重点会有所不同，但是作为人类文化发展中的一个重要成果，云冈石窟的艺术价值作为核心会得到更多的重视，并且其他方面的价值也会得到更多的重视和利用。相信随着新技术的出现和发展，云冈石窟的艺术价值和社会功用在未来又会有新的表现。

（四）云冈石窟艺术价值发展的原因

云冈石窟作为具有 1500 余年历史的古迹，至今仍然具有巨大的艺术魅力，这是值得我们思考的问题。云冈石窟作为特殊时代的历史产物，其艺术价值的形成与发展有着深层的原因。

云冈石窟建造于公元 5 世纪到 6 世纪之间，此时西方正处在"中世纪"初期，基督教文化也在不断发展中，其间创造出了大量神话题材的壁画、油画和雕塑等具有很高艺术价值的艺术品，这些相关作品即使在今天看来仍然具有巨大的历史与文物价值。

在艺术与政权的关系上，中国与西方在封建时期有着同样的特征：最好的艺术总是与政权有着密切的关系。因为中央政权能够采用最先进的技术、调动最大的人力，并且能够对相关行为进行协调，这些都是民间行为所无法做到的。这些条件也是云冈石窟等高超艺术价值的艺术品得以形成的重要基础。

当今世界全球化发展已经成为趋势，世界逐渐成为一体，云冈石窟依旧以其卓越的艺术价值在当今的艺术界占有重要的地位。究其原因，可以参考根据前文的分析得出的云冈石窟雕塑艺术的三个特点。

第一，它表现的是一种与世俗相结合的艺术。在云冈石窟开凿之前，佛造像的形象均来自佛教经典，而云冈石窟的佛像则结合了北魏帝王的形象，昙曜五窟的主佛均以帝王形象为原型，所以体现出一种世俗性。如今，我们可以根据雕像所表现的风格和内容去考察当时的社会形态。

第二，云冈石窟的雕塑艺术是符合艺术规律和美的原则的，这是其艺术价值能够传承的重要原因。

第三，云冈石窟体现了多元文化的融合，它是在特殊历史语境中形成的对象，是少数民族文化与汉族文化融合并且形成优秀作品的代表，体现了地方文化的多元化。

这些都是云冈石窟在今天仍然具有重要价值的几个方面，其中，高超的艺术价值是其能够继续大放光彩的最重要的原因。这种艺术价值既有保留的原来的特征，也有某种增加进来的东西。比如，云冈石窟变化的过程中就有历史沧桑感，这便是可以使其增值的部分。

北魏时期，云冈石窟更多地表现为艺术价值服从于政治价值。作为艺术形式的结晶，云冈石窟的建造结合了来自中原和西域各民族匠工的智慧，表现出多样性的艺术风格，因而具有强烈的艺术魅力。时至今日，多重关系叠合存在的云冈石窟对当代人来说更加突出的是其审美价值，其审美价值发展到今天不仅包含了其原本就具有的艺术价值，也有附加价值。

北魏时期，云冈石窟是宗教与政治相结合的产物，其中的佛教雕塑在促进刚刚统一的多民族国家形成文化认同和审美认同上起着重要的作用。审美认同是艺术类型与社会群体的文化结盟，借助这种结盟，群体就会感觉到某种艺术类型代表了"我们的"或者"他们的"艺术、音乐和文学。这样，艺术类型的边界就成了社会的边界。审美认同的形成有助于社会群体的形成和文化结盟，如同美国的民间音乐在促进民族认同和社会融合上的作用一样，云冈石窟的佛教雕塑与建筑在促进民族认同上也发挥着作用。

佛教最早从西域传来，佛像的雕刻艺术也来自西域，这种艺术手法与中原地区的雕刻艺术手法有着明显的区别。虽然云冈石窟的一期雕塑也有部分汉化的雕刻手法，但主要的艺术形式还是来源于印度；二期、三期与迁都洛阳后所开凿的龙门石窟在佛造像的面貌、衣着与雕刻手法上就已明显汉化了。云冈石窟的佛像雕塑显示的是佛教传入中原之后，从接受到逐渐内化，形成与本民族相符合的特征的过程。

西域外来的文化之所以能够在中原地区得到广泛的认可，与其进入中原之后内化的过程有着密切的关系。石窟雕塑和佛教造像作为佛教艺术的外化形式，对普通百姓来说是可感观的，视觉形象上的佛祖是有着本民族特征的，这种观感就是成为代表着"我们的"，而不纯粹是"他们的"。

云冈石窟在促进社会统一上的另一个重要方面就是促进民族融合。云冈石窟作为雕塑艺术成为北魏时期民族认同和社会大融合的外化物质代表，表征着这一时期的时代特征。

北魏后的封建朝代均有对云冈石窟进行修护，并且修建了一些保存至今的木质阁楼。可见封建社会历代的统治者对佛教的崇尚，以及对云冈石窟建筑艺术的认可。云冈石窟作为一种艺术形式，在形式风格上甚至影响了敦煌莫高窟的建设。

历史延续至今，大同已经不再是一个少数民族聚集的地方，而是一个以汉族为主的中国北方的地级市，与中国的其他城市之间并无北魏时的民族差异，云冈石窟在促进民族认同上似乎已经完成了自己的价值。作为大同市的地标性建筑，云冈石窟表征的是一座具有悠久历史的古城形象。

云冈石窟高超的佛教雕塑艺术和艺术价值已经得到了世人的肯定。在被评为世界文化遗产时，联合国教科文组织世界遗产委员会评价，云冈石窟代表了公元5世纪至6世纪时中国杰出的佛教石窟艺术。其中的昙曜五窟，布局设计严谨统一，是中国佛教艺术第一个巅峰时期的经典杰作。可见世人对其物质文化遗产地位的肯定。作为物质文化遗产，云冈石窟比非物质文化遗产的传承能力更强。

如今，云冈石窟作为文化遗产，更多地被我们重视的是它所代表的北魏及其后世的雕塑和建筑艺术的价值，其与社会意识形态之间千丝万缕的联系已经淡化，较多的是被政府用来作为凝聚一个城市的地标。政府在保留古城风貌的同时，使其积极融入现代化建设的进程中来，利用云冈石窟的文化品牌和知名度为城市的进一步发展招商引资，促进当地经济的发展和居民生活水平的提高。

如今的云冈石窟将现实功利目的、审美目的、信仰目的三位归于一体，功利性的一面使民俗行为能面对现实而保持开放性，信仰层面使其保持与历史传统和文化固有规则的联系，而审美与艺术则在两者间保持张力和平衡，并使民俗行为系统具有生生不息的特点。从这种民俗行为与现代商业之间的关系来看，云冈石窟作为物质性的存在，也有着类似的情况。

历届云冈文化艺术节都以雕塑和佛教文化为主要内容，一方面向外推广云冈石窟作为雕塑艺术圣地和佛教文化宝库的艺术文化价值，另一方面以此为契机，进行招商引资。原本作为审美对象的雕塑与现实功利性目的相结合，政府对云冈石窟的艺术文化价值的合理利用不仅有利于扩大云冈石窟的知名度和影响力，也有助于当地经济的发展。在与主流意识形态关系方面，政府的重视使得云冈石窟能够得到更好的保护并扩大社会知名度，对云冈石窟的保护和发展是极其有利的。

从北魏时期至今，作为物的形式存在，云冈石窟本身没有主动权，但是与政权之间的和谐关系正是其能够完好地保存下来的一个重要原因。总而言之，艺术形式本身一直在与社会意识形态发生关系。随着时代的变迁，变化的是其与实际政权之间的关系，不变的是其艺术和文化价值。云冈石窟的雕塑艺术品在社会上发挥的实际功用从作为意识形态的表征存在转变为文化资产，为当地的经济文化发展创造条件。

第二节 云冈石窟文献分析

一、云冈石窟文献的美学价值

千年之前，鲜卑族踏入中原，北魏王朝建立，统治者希望以文化之名巩固地位，这也是文化集聚的初始之势。云冈石窟历经各朝，逐渐完善。这一片土地本应是安宁祥和的，却不断遭受战乱、偷盗之痛，西段已经被毁，但是在存留的雕刻、造像中，我们仍旧可以感受北魏的辉煌以及文化融合。整个石窟不仅体现了北魏的文化特点，也呈现了来自印度、波斯、龟兹等国的风光。在融合中寻求美感，让中原文化呈现出新的特点，昙曜被"马识善人"[1]便是这个艺术宝库建立的开始。后代的人络绎不绝，亲临云冈，希望能够从中探寻更多的文化踪迹。在前人眼中，石窟是美的，远近高低之间都蕴藏着美感。当代人更应当在石窟当中认识美、传播美。

（一）云冈石窟文献中美的定义

对于美的定义，不同的领域有不同的体现，无论是人为的还是自然的，都体现着美的广泛性。云冈石窟文献对于美的定义是基于对云冈石窟的认识。对美进行定义的最终目标还是要从美的角度出发，呈现石窟之美，展示其美学的价值。

就云冈石窟文献来讲，其体现的美学价值来自三个方面，第一，云冈石窟呈现的自然之美，山为依，水为傍，一凿一刻都是在自然基础上的修饰，多个朝代相继，将山水之美更加具象地呈现在世人面前；第二，云冈石窟呈现的创造之美，以自然为基底，多代人将多方文化展现在这一处，集思广益，展示人之巧思；第

---

[1] 参见魏收的《魏书·释老志》，卷一一四。

三，云冈石窟呈现的启迪之美。

石窟之美不仅在于眼见之后的惊叹，听闻之后的向往，更需要从文献当中寻找其修建的痕迹，感悟古人伟大的思想，不仅如此，还要从建筑、文学、历史等各个角度追寻其踪迹。而在当代，这样的文化宝库仍旧可以当作人们无限灵感的源泉，从建筑、设计、文化、雕刻等各个方面进行分析，从中学习、寻找古人智慧，转为灵感，启迪当代生活。

在对云冈石窟文献进行不断了解的过程中，笔者越发感觉美的概念无须束缚，即使是一处文化遗存，都能够从各个角度呈现出美感。在今天的观者眼中，当石窟呈现在眼前时，不同的人会看出不同的美，或人物表情温和，或雕刻手法细致，或佛如心中，都是美的享受。在感受美的过程中，其价值也逐渐被体现，被人们从云冈石窟带出，传播到世间的各个角落。

（二）云冈石窟文献中美学价值的体现

从云冈石窟的历史文献中可以了解云冈石窟的"身世"，由于后世唐朝的鼎盛繁华，北魏时期总是被当作唐朝前传，似乎其繁华一时、外交广泛都是为唐朝做准备，其实那个时代独树一帜，与其说是唐朝的预兆，不如说是前代的传承。如果没有汉代打开西域之门，没有张骞万里探寻，波斯等国的人们无法真正踏上河西那条路，就无法使中原的人们接触外面瑰丽的世界。云冈石窟是美的，不仅有中原之美，还有外邦之美。当代的人能够从这些美中寻找融合、寻找繁荣，可以得出一些启发。

1. 自然美

佛像之美，依山而存，任何巧夺天工都以自然为基础，石窟的建造也是如此。佛陀面前一片空旷，正是面对着世界。佛陀面露自然微笑，来者在这样的环境当中自然生出敬畏之情。不仅是面对佛陀，更是面对着自然力量之广博。自然为佛陀诞生提供了条件，佛陀也将自然之力更加具体地展现出来。观者可以感受到佛陀祥和，也可以感受到佛法庄严，这正是自然与佛法相互融合的结果。正是由于人类无法利用拙笔和贫瘠的语言展现这自然之美，只有用这样代代雕刻的形式，通过佛法对自然加以诠释。

任何事物都是具有两面性的，在进步这一问题上也是如此。人类长期追求进步，更需要从这样的自然之物中寻找力量，在科技的夹缝当中探寻真正的自然智慧。❶

从云冈石窟文献中可以看出，石窟成型的位置，地势自然。古人在岩壁上凿造龛像，手拿工具，一凿一凿之间，所有的图像逐渐显现，延绵一公里，形成三个区域，整体面积巨大，造像繁多，大小林立，姿态万千，既有恢宏之气，也有精秀之美。今天的观者，利用想象，似乎还可以听见凿刻声音、看见工匠身影，从他们的手中流出的是自然之美，令国内外观者惊叹不已。

察其外观，气势宏伟；观其内景，多彩细腻。在山上进行开凿，对山体做减法，人与自然之间的关系呈现出来。石窟并非单一存在，而是表现为群体建筑、建筑之间的相互联系，以及与山水的相互联系，不仅向观者展示了自然之美，也给了观者亲近自然、与自然为一的启发。当代人在寻找其自然之美时，不仅需要感知自然之美，更需要从中感悟自然与人的关系，结合自然之道正符合了当代重视自然力量的理念。在科技发展的今天，真正结合文献，感受自然力量，从而更加敬畏自然，有利于进一步推广当代环保意识，为绿水青山做保障。❷

2. 创造美

对于石窟当中的主要石窟，不同的文献当中的数值有所区别，但大多认为有45个。根据云冈石窟文献，除了主要石窟，还存在很多的附属石窟，所有石窟当中都存在人物造像，还有一些雕刻图像。"山本不是山"，在人的创造之下，其形态、意蕴等都产生了翻天覆地的变化。自然赋予人类条件，人类也不断展示自身

---

❶ 彭栓红.云冈石窟造像的鲜卑特色与文化多样性［J］.中央民族大学学报（哲学社会科学版），2018（5）：92-101.

❷ 曹松钊.云冈石窟发展与当今雕塑中国化探索的启示［J］.美与时代（城市版），2017（4）：54-55.

的创造力，为自然发声，展示自然更加具体的美。云冈石窟文献在创造之美的体现方面有以下内容。

（1）雕刻方面。平城早先就是游牧民族活动的区域，在其产生的文化与中原文化相互碰撞、结合之后，该地区被划入中原，到北魏在此建都时，在政治等各方面都比较稳定，且在对外交流方面已经有汉代等打下了基础。因此，石窟上的雕刻呈现的并非只有中原特色，而是将各国风采集聚起来，体现出集大成的特点。云冈石窟文献中描述的雕刻呈现出世界各类文化的特征，主要有佛教教义、理论、北魏王朝迎接的胡人以及各路梵僧。他们来自印度、西域，带着佛经、画像，给中原的人们带来了艺术手法。石窟的雕刻在早期就呈现出印度特点，佛像穿的服饰就是印度的单肩服饰，而在之后也表现出更多国家的服饰特点。[1]北魏在强大的过程中从北方带来很多战利品，也从凉州带回人马，这体现为云冈石窟与凉州石窟有一定的相似之处，是那个时代艺术融合的表现。雕刻上呈现出更多的手法，有浅浮雕、半圆雕等各种手法，这也是将各个时代的技法相互贯通的呈现。

（2）文化方面。据云冈石窟文献，北魏本是鲜卑一族，来到中原，对汉文化非常推崇。两种文化本身就有所交融，而外国文化的加入更使得石窟呈现出集大成的特点。早期的佛像面部表情还比较夸张，尤其体现在耳垂上。而服饰上则更多表现为游牧民族的特点。另外，在印度的影响下，其服饰也呈现出印度特点。佛像整体呈现出庄严、豪气的特点，恰当地展现了鲜卑民族的特色。随着时代的发展，相比较之下，之后的佛像则更显圆润，局部也不再以夸张为主，此时的服饰选择凸显西亚风格，在孝文帝的引导下更多地加入了中原特点。而后佛像的服饰上呈现出褶皱，面部也不再保持圆润，整体神情比较孤傲，较为脱俗，说明中原文化对佛像的影响逐渐加深。

---

❶ 彭怡红.多元文化孕育下的云冈石窟造像模式 [J].美术观察，2010（1）.117 121.

3. 当代启迪

云冈石窟文献对于当代人的启迪主要表现为三个方面。

（1）云冈石窟整体呈现出壮阔之美，是古代匠人的心思集聚。当代人也需要从自然当中寻找灵感，寻找解决问题的方法。早在五千年前，瑶借玉琮之光获得兴修水利的启示，五千年后的今天，我们面对环保问题等，也需要从云冈石窟当中得到启示，在亲近自然的过程中寻找解决问题的方法。❶

（2）石窟创造过程体现精巧技艺，也体现各民族文化的融合。90后画家叶露盈从顾恺之的《洛神赋图》中寻找灵感，利用古法和现代思维结合，重新诠释《洛神赋》，而石窟之美妙也能够带给当代人技法的启发。中国56个民族需要学习鲜卑和汉文化融合的意识，使各民族文化共同发展。

（3）云冈石窟文献对当代设计、绘画等技法方面有所启发。云冈石窟文献不仅对于当代理念和意识有所启发，更是对当代设计、绘画等技法方面有所启发。当代，无论是乐器学习还是绘画的技法学习，都以西方理论为主，殊不知，云冈石窟不仅呈现出很多传统技法，也呈现出独特的创作成果。在乐器上，有琵琶等；在绘画、雕刻上，有高古游丝描画法等。因此，云冈石窟文献充分体现了中华文化之丰富多彩。❷

如果说云冈石窟是一座名副其实的瑰丽宝库，那么云冈石窟文献便是这座瑰丽宝库的入门秘籍。古时，云冈石窟经一代又一代人凿刻、修缮、保护；今时，一代又一代人可以从云冈石窟文献中汲取灵感、获得启发，不断深入探寻其语言，展示中华智慧。

---

❶ 兰艳凤，张兵. 大同云冈石窟［J］. 文史月刊，2017（9）：58-63.

❷ 凌建英，李太荣. 云冈的和谐美［J］. 中外文论，2017（1）：72-77.

二、云冈石窟文献的人文精神

人文思想是我们在今天继承并且不断锻造文化自信的根基所在。中国传统文化诚然是最根本的智慧源泉。但是不能忽视的是，在中国现代化的历程中，随着西方文化的传入、世界文明的碰撞，中国文化逐渐挺立为一种具有"独特性"的气质，在近代以来中国民族意识与自主精神糅合的时代背景下，这种独特性恰恰是巩固文化自信的重要方式。

中国文化只有走出去，只有"走出自己"，才能更好地保存自己。这是文化自信的重要前提，是我们在中国文化"和而不同"的精神实质中得以发生文化自信、巩固文化自信、建立当代文化自信的内在诉求，文化兴，国运兴；文化强，民族强。人文精神是文化的内核，是一个国家、一个民族、一个地区发展、繁荣的内生动力。云冈石窟是中华文明的重要代表，其中的人文精神对弘扬中华优秀传统文化具有深远影响。

对于云冈石窟人文精神中传承的中华文化，我们可以用辩证的角度去看，吸收其中能为当今所用的文化，并进行适当改造。我们不能完全放弃传统，也不能完全接受传统，最切实的方式是在自己传统的基础上接受外来文化，用现代化作为桥梁来沟通传统与现代。云冈石窟文献中蕴含的人文精神只有在与世界融合、开放的格局中不断升华，才能更加显现出云冈文化软实力的坚实。

一个国家要有文化的主体性才能去吸收其他文化的精华，我们文化自信的底气来源于中华文化是民族的、科学的、大众的，是面向现代化、面向世界、面向未来的。我们首先要立足于云冈石窟文献体现出的历史与文化传统，然后再决定如何发展和创新。身份上的认同归根到底是文化上的认同，不可盲目地学习他人，要重视我们自己的传统，让传统与当今世界交流、对话，而不是否定自己的文化。

世界上的竞争从根本上讲都是文化上的竞争。在全面复兴中国梦的背景下，要复兴文化梦，就是要复兴传统文化上的精华。软实力、软文化的提出是针对以经济、科技为代表的硬实力而提出的。我们之所以越来越重视文化的力量，原因就是我们要让国人都能从心底焕发出对文化，尤其是优秀传统文化的认知与思考。云冈石窟文献体现出的人文精神与当今文化自信紧密相连，我们要继续用这种人文精神来滋养国人的自信，唯此，才能将云冈石窟文献中的人文精神传承下来，提升中国的文化软实力。

跨文化交流视角下云冈石窟文献的人文精神研究兼具理论价值与实际应用价值。其中理论价值包括文献价值、学术价值和文化价值。观照、梳理并翻译云冈石窟的学术成就，将云冈石窟文献研究纳入世界学术史格局中，具有较强的学术意义。对云冈石窟文献进行整理与翻译可以启发我们重新认识中华文化，对云冈石窟文献的翻译有助于加强不同文化间的相互交流，对于全面复兴伟大的中华文化具有重大的现实意义。

云冈石窟是民族文化生命力的见证，也是中华文化具有强大融合力的标志，更是今天在全球化面前保持民族精神而不被同化的历史例证和精神源泉。它不仅是多元文化融合的结晶，是中华文化的凝聚，更是我们重新认识中华文化发展历程的有力佐证。对其文献进行研究，具有让世界了解中国、扩大中国文化影响力、加强中国文化软实力的国际意义。

第二章

云冈石窟中的舞蹈与造型文化

第一节　云冈石窟中舞蹈形象的表情特征

一、云冈石窟早期舞蹈形象的风格与运用

表情在社会生活中随处可见，尤其在舞蹈领域中，表情更是必不可少的。舞蹈表情是指舞蹈演员以舞蹈的方式向观众传播人内心的情感，舞蹈表情根据现代心理学可分为面部表情、肢体表情、头部表情、言语表情、手势表情。舞蹈作品中角色内在的心理活动是通过舞蹈表情传达给观众的，舞蹈表情是整个舞蹈作品的灵魂。

云冈石窟的初期工程是由北魏高僧昙曜主持开凿的，也是云冈石窟中最具代表性的石窟。云冈石窟在初期工程中共开凿了五个石窟，后世统称为"昙曜五窟"。当时云冈石窟开凿的佛像是依据五位皇帝的形象雕刻而来的，是皇权的象征。云冈石窟中第16窟至第20窟中的佛像分别象征着文成帝、景穆帝、太武帝、明元帝、道武帝，这种以皇权为象征的佛像仅仅出现在早期的云冈石窟中。

这一时期，云冈石窟中的舞蹈形象具有印度犍陀罗造像和北方游牧民族的风格特征。北魏时期是一个由少数民族统治的时期，当时的统治政权在拓跋鲜卑族的手中。鲜卑族的人们喜爱歌舞，在云冈石窟的雕塑中也有众多的体现。受西域文化的影响，早期石窟中舞蹈形象的表情融入了西域文化的表情特征。这一时期的乐舞在继承、发展民族文化的同时，也在不断吸收外来文化。

（一）云冈石窟早期舞蹈形象的时代背景

云冈舞蹈是佛教舞蹈艺术的表现形式，随着时代的变迁，佛教文化也逐渐发生了变化，而云冈石窟中的舞蹈形象则以其独有的形式保存于云冈石窟造像中。

云冈石窟开凿于公元 460 年，北魏早期政权动乱，南北朝政权对峙，云冈石窟中的舞蹈形象就是在这样一个重要而又特殊的时代背景下发展起来的。

公元 5 世纪，拓跋鲜卑族进入中原后，政治斗争愈演愈烈。宗教方面，佛教、道教相互排斥，崇信道教的魏太武帝于太平真君七年（446 年）下令捣毁寺院，烧毁佛经，砸毁佛像，永绝佛教。这就是发生在中国的第一次重大"佛难"，史称"魏太武帝灭佛"。文成帝即位后，北魏政权在对汉文化吸收、借鉴的同时，也把佛教奉为国教，在此背景下也促进了各民族的交流与融合。

早期云冈石窟中的舞蹈形象按照其自身的艺术风格得以传承与发展，这一时期，中国广大地区的佛教及其艺术形式得以流行，也为以后云冈石窟中舞蹈形象的佛教色彩埋下伏笔。

昙曜五窟主要由如今的第 16 窟到第 20 窟组成，造像中的人物形象均为男像，具有北方少数民族的特征。同时，昙曜五窟窟制相同，平面呈马蹄形，穹窿顶。

第 16 窟为立佛洞，其中主佛高 13.5 米，如今仅留存了上半身，是根据文成帝拓跋濬的形象雕刻而成。佛像站立于莲花台上，似波纹状的发型，脸型瘦长，面部俊秀且威严。右手向上竖起，体现出"人神合一"的云冈特点，象征佛救济众生；左手屈指向下，拇指紧贴中指，具有佛像典型手势的特征。佛像周围有千佛与佛龛，更好地衬托出主佛刚健雄厚、朝气蓬勃的形象。

图2-1　第16窟，释迦立佛像（图片来源：云冈百科）

第17窟为弥勒三尊洞，此窟是昙曜五窟中唯一的菩萨像洞，主像为菩萨装的交脚弥勒，全高15.6米。关于此窟主像的身份说法不一，有观点认为此窟主像的原型是文成帝的父亲拓跋晃，他在亲眼看到太武帝的"灭佛运动"后忧愤不已，郁郁而终；也有观点认为此窟主像为拓跋珪，有欲建功立业之势态；还有观点认为是明元帝拓跋嗣，窟小像大，强烈的对比反映了明元帝飞扬跋扈之态势。

第17窟主像两侧为金刚宝座上首菩萨和金刚光右侍菩萨，一个呈坐姿，一个呈站立；右壁立佛面容圆润，东壁坐佛双肩笔直，具有浓郁的异域情调。值得注意的是，第17窟中有大量的弥勒造像，证明了在这一时期对弥勒的信仰开始盛行。

图2-2　第17窟，交脚弥勒像（图片来源：云冈百科）

第18窟为立三佛洞，主佛代表太武帝拓跋焘的形象，他胸怀大略且功名显赫，可是现今提到的拓跋焘却是凶残暴虐的形象。这主要是由于他在位时所提出的"灭佛运动"。在当时，佛教内部腐败，僧侣云集，导致"十人九僧"，田地荒芜，寺院经济成为主要的财政负担。与此同时，太武帝又受到道教文化的影响，所以下令清除佛教，烧毁佛经。推行这一政策使太武帝失去了民心，为了调节冲突，缓解矛盾，昙曜和尚开始为太武帝造像。

第18窟设计严谨，布局完整，北壁主佛像高15.5米，高肉髻，面颊丰圆，鼻梁高挺，浑厚质朴，身披千佛袈裟，两侧分别配置胁侍佛、胁侍菩萨及十大弟子像。左胁佛头顶华盖，面庞浑圆，体魄伟岸。左胁菩萨头戴花冠，秀丽典雅。上端五弟子雕刻，俱为西域人特征，或提瓶静立，或拈花微笑，或闭目倾听，或若有所悟，或喜从心生，鬼斧神工，令人叹绝。

图2-3　第18窟，立三佛像（图片来源：云冈百科）

第19窟为宝生佛洞，主像被认为是明元帝拓跋嗣的造像，有"千佛壁"之称。主佛像结跏趺坐，高16.8米，是云冈石窟中第二大佛。佛像耳轮齐肩，下颌崩毁。举右手，肘下有一小柱支撑。衣纹简洁明快，轻薄贴体，袈裟边饰折带纹。国字型脸，面部表情慈祥凝重，双脚双盘坐姿。

道武帝天赐六年（409年），拓跋绍为了营救犯错的母亲贺夫人，趁夜潜入宫中，弑杀道武帝拓跋珪，想要掌管政权。但大臣拥护在民间避祸的拓跋嗣继承大业，共同对抗拓跋绍，逼迫拓跋绍下台。后拓拔绍被杀，拓跋嗣即位为明元帝。明元帝信仰佛教，统治期间，他大力宣传佛教，为之后佛教艺术的发展作出重要贡献。

第19窟的窟室北壁中设立大佛造像，窟外的东西壁上的佛像身体呈倚靠的坐式，右手手臂举在胸前，左手握拳放在膝上，是典型的佛教手印，象征着普世众生。第19窟的外壁不同于与其他几窟，向内缩进、东西并立的两个窟室像人的两只耳朵，被人们称作"耳洞"，是此窟独有的特征。

图2-4　第19窟，宝生佛像（图片来源：云冈百科）

　　第 20 窟为白佛爷洞，主造像为露天大佛，是以道武帝拓跋珪为原型的造像。主佛高 13.7 米，高肉髻，广额丰颐，长目高鼻，有八字髭，手结禅定印，质地厚重的祖右袈裟，衣纹凸起，具有犍陀罗造像遗风。大佛挺拔健硕的身躯，气势雄浑的神情，突出表现了鲜卑游牧民族的强大，是云冈石窟雕刻艺术的代表与象征，也是中国早期佛教雕刻艺术的空前杰作。

图2-5　第20窟，释迦坐像（图片来源：云冈百科）

　　通过云冈石窟的时代背景来看，云冈石窟早期开凿经历了 70 多年的历史。受佛教文化东传的影响，早期的云冈石窟融入了西域风格，反映了北魏民族大融合的特征。云冈石窟早期工程以国家强大的财力、人力和物力为支撑，融入了西域风格，造就了昙曜五窟独特的时代风格和艺术价值。

（二）浑厚淳朴的舞蹈表情特征

云冈石窟中的舞蹈形象主要有飞天伎乐和俗舞两类，早期云冈石窟中的舞蹈形象融入了西域犍陀罗造像风格，大都呈现上身半裸式、赤脚，具有健美粗壮的表情特征。云冈石窟将当时人们强烈的民族自信心和自豪感融入飞天伎乐的造型之中，形成了云冈石窟独具一格的舞蹈形象。

北魏时期，本土文化和外来文化的交流与融合使得这一时期的乐舞受到西域文化的影响，在继承和发展本民族乐舞的同时，也在不断吸收外来民族的乐舞。因此，早期云冈石窟中舞蹈形象的表情具有西域情调的特征。石窟中的佛像造像，有的睁眼，有的闭目，有的似在向你微笑，有的则给人一种庄重典雅之气质。在云冈石窟的早期，佛和菩萨群像的造像占主导地位，气势磅礴、雄伟壮丽，但是最引人注目的却是云冈石窟中富于舞蹈感的表情特征。在云冈石窟造像中，表情的表现更是匠心独具。

第16窟南壁的一组舞人，像是现今舞蹈中的三道弯式。早期的健舞和软舞的出现说明云冈石窟舞蹈形象已融入了鲜卑族的民族特征，北魏时期鲜卑族的舞蹈形象在云冈石窟中的呈现充分说明了这一时期是一个民族大融合的时期。崇尚武力的鲜卑民族，其歌舞的内容大多与战争题材有关。健硕的体格和豪迈的气魄是游牧民族独具一格的民族特征，这个特征在云冈石窟的舞蹈形象中有着明显的表现：弯曲着身体，神情笃定，有杀搏之势和向前冲锋的劲头，体现出自我保护感强烈、战士骁勇善战和民族团结的鲜卑民族的特征。

云冈石窟中出现最早的、最常见的舞蹈形象是第17窟西壁龛楣上的"飞天"。在云冈石窟早期，"飞天"的发髻宽大而厚重，面部丰圆，颈部戴项圈，身穿长裙，似戴着飘带的仙女在舞蹈。"飞天"在主像交脚弥勒菩萨的莲台上，目视前方，嘴角流露笑意，眉宇细长，手一前一后，体态优美。岩壁将头光分为内外两层，内层、外层分别是莲瓣纹和火焰纹，盏形小龛和佛龛分别雕在龛壁两侧和龛外。质朴纯真、浑厚朴实的"飞天"形象反映了早期云冈石窟舞蹈形象中表情的艺术特点。东西壁内容大有不同，东壁的头光由莲瓣状、"飞天"和火焰纹组成，两侧的"飞天"飞向中间。根据不同时期的云冈石窟舞蹈形象的特征，龛外的佛龛群形式、内容也各不相同。南壁壁面雕满千佛，主像为坐龛佛，盝形盒的佛龛上刻"飞天"，姿态妩媚。第17窟南壁的菩萨像是此窟的一个典型代表。造像面部丰圆端正，双眼下视，抿嘴微笑。菩萨面向佛龛，头戴高冠，颈戴项圈，对称的额发和桃形的头光，四面莲珠纹环绕，浑厚朴实无纹饰。

第18窟雕刻内容繁多，主像的袈裟上雕有无数小佛像，气势雄浑，有着高雅从容、庄重大方的文人气息。其抚胸的左手好像反躬自省。坐佛像东边栩栩如生的五个弟子形象，形态万千、各不相同。其中最惹人注目的是右上方的弟子像，头与壁面相分离，深目高鼻、喜形于色，眉毛呈卷曲状，露出一排整齐的牙齿，石窟中的人物形象体现了浑厚朴实的西域情调。

第19窟是云冈石窟中规模最大的石窟。主像面容慈祥，温婉端庄，呈"吉祥"式坐姿。此窟中表情最丰富的要数小沙弥像了，天真烂漫、喜逐颜开，被称为"佛国世界最幸福的人"。

第20窟为气魄雄伟的露天大佛，大佛顶部刻有"飞天"的形象，是石窟中的璀璨明珠。"飞天"颈佩项圈，臂饰环镯，双手各捧鲜花，华丽而不失优雅。她们扬手散花、凌空飞舞好似佛国仙人迎面而来。

云冈石窟中的舞蹈形象不仅具有鲜明的民族特色，同时也具有西域情调的民族特征。从云冈石窟中的造像艺术可以看出，在早期云冈石窟中，飞天伎乐的乐舞占主导地位，这也是云冈石窟中最具代表的舞蹈形象。公元5世纪，大同是世界上最大的都市之一，云冈石窟是汇集多民族文化艺术的产物，反映了中华文化与外来文化的融合与发展，是北魏时期不朽的艺术作品。云冈文化吸收外来文化，是集音乐、舞蹈于一体的独具一格的文化。

（三）早期舞蹈形象的运用

在云冈舞蹈作品中，大多数舞蹈形象的表情都可以在石窟当中找到原型。舞蹈编导将早期石窟"飞天"形象浑厚淳朴的表情特征融入舞蹈作品中，舞者所展现的表情特征是对云冈石窟中"飞天"形象的真实还原。

舞蹈演员通过肢体表情和面部表情将早期云冈舞蹈的形象塑造出来，编创者在进行舞蹈艺术创造时，应当在北魏的时代背景下去分析、创作，使舞蹈作品在不脱离当时的政治状况、社会环境的条件下与当今社会的需求相适应，创作出符合云冈舞蹈的题材。舞蹈创作者通过对云冈石窟中舞蹈形象具体表情特征的分析，进行艺术的加工与创造，编创出新的云冈舞蹈。

1. 人物形象

云冈舞蹈中的舞蹈形象是通过龛楣上的"飞天"编创出来的。云冈石窟舞蹈形象的表情特征形象地展现了云冈舞蹈作品中的表演形式及内容，而云冈舞蹈作品中最具表现力的地方是舞蹈演员运用肢体表情和面部表情塑造出早期石窟中的舞蹈形象。在早期云冈石窟中，舞蹈形象分布广，一般分布在大佛造像周围。第17窟中的"飞天"形象最能体现早期石窟艺术的特征。编创者在进行舞蹈艺术创造时，应当在北魏的时代背景下去分析、创作，创作出符合云冈舞蹈需要的题材。

舞蹈《云冈飞天长袖舞》是对云冈石窟中"飞天"形象的一次创新与运用，以动态的舞姿呈现出石窟中的"飞天"形象，用舞蹈这种方式再现了云冈石窟中的舞蹈艺术，是北魏时期云冈舞蹈艺术的空间再现。舞者通过舞袖用舞蹈表情来塑造优美的舞蹈姿态，是对"飞天"形象的完美再现。舞蹈《云冈飞天长袖舞》使"飞天"形象在舞台上的发展达到了一个新高度，以石窟中"飞天"形象为基础，以石窟中"飞天"形象中的舞蹈表情为基础，将云冈舞蹈的艺术魅力呈现出来。云冈石窟早期的舞蹈形象中融入了西域乐舞，西域的风格特征十分明显。比如，石窟中舞蹈形象的表情具有大眼明眸、鼻梁直挺等一系列特征。这种西域风格的舞蹈特征也体现在现今的舞蹈作品中。在云冈舞蹈中也可以看到这种的表情。比如，单腿勾脚跷趾，右脚放于左膝上，支撑腿弯，双手举在头上握拳，灵活头部，挑眼侧头，眼随头部运动，表情奇特别致与现今新疆舞的眼神极为相似。这个动作在云冈石窟中也有所体现，舞者眼神表情丰富，眼睛斜视，呈现了北魏时期社会生活的风貌。

舞蹈《云冈飞天长袖舞》的体态、气韵和神韵都具有浓郁的佛教文化色彩，舞蹈编创者在北魏的时代背景下分析、创作出独特的舞蹈风格。云冈舞蹈融入了佛教舞蹈艺术的精髓，符合现代人的舞蹈审美需求。舞蹈表演者详细地了解了云冈石窟造像形象的特点，在已有的舞蹈艺术知识中融入了自身的理解，在表演中真实地展现了云冈舞蹈文化的神圣性，演绎出云冈舞蹈表情的艺术特征。在云冈舞蹈的作品中，对早期云冈石窟中舞蹈形象的运用和把握十分关键。在动态、动律、节奏、方向、幅度、空间等方面进行变化，但同时这些变化必须依据云冈石窟中的舞蹈形象来进行创造。

《云冈飞天长袖舞》通过对早期云冈石窟中舞蹈形象表情的把握与捕捉，将早期"飞天"形象进行艺术加工，使人物形象丰满、完整。在云冈舞蹈作品中，肢体表情和面部表情的编排是塑造人物形象的核心，不同的肢体表情和面部表情的组合决定了人物形象的塑造。

2. 舞蹈题材

艺术源于生活，北魏时期的生活状态折射出了这一时期的舞蹈形象，而舞蹈形象更是反映了当时人们的审美好恶。在早期云冈石窟中，"飞天"的位置主要是在主像的顶部，石窟中的这类舞蹈形象大多起到装饰的作用，是当时人们在对西方极乐世界的希冀与向往下所塑造出的舞蹈形象。云冈舞蹈的创作者通过对云冈石窟中舞蹈形象表情的研究，把静态形象中的舞蹈形象编创成不同的肢体表情；再融入现有古典舞中的舞姿动态与肢体表情，把云冈石窟中静态的舞蹈表情演变成动态的舞蹈动作，由舞句演变到舞段。云冈舞蹈以云冈石窟中舞蹈形象的舞蹈形态为基础，表演者时而身体前倾，时而身体后仰，S型体态，脚踏莲花，舞姿优美。舞蹈表演者根据云冈石窟中的舞蹈形象，顺畅连接每一瞬间的舞蹈表情，探索出流动的肢体表情，使舞蹈表情既合乎情理又演变顺畅。

北魏时期有着其自身时期特征的烙印，编创者在进行舞蹈艺术创造时，舞蹈作品既不能脱离当时的政治状况、社会环境，又要与当今社会的需求相适应。早期的云冈造像有着浓厚的佛教色彩，造像的表情深邃、莫测高深，给人以威严、敬重的神圣感。云冈舞蹈作品是以云冈石窟中舞蹈形象的表情为题材的一种特殊类型的舞蹈。云冈舞蹈作品通过空间、时间、幅度等舞蹈元素设计舞蹈题材，渲染出云冈舞蹈形象的表情。通过对舞蹈题材逻辑性的构思与编排，合理地连接各个舞段，加强舞蹈作品的情感色彩和文化内涵。

例如《云冈莲珠纹舞》，20 位姑娘踏歌而来、迎风起舞，她们在曼妙的舞姿中融入了石窟中舞蹈形象的表情，淋漓尽致地表现了云冈舞蹈的神韵。《云冈莲珠纹舞》形象地再现了北魏时期云冈石窟中融入西域风格的舞蹈形象的表情特征，通过舞蹈的形式将北魏王朝的古风神韵展现给观众，使观众体会到北魏时期的盛况，了解了西域风格的特征，进而带动了民族间的文化交流与融合。优美的舞姿、浑厚质朴的表情使云冈石窟中舞蹈形象的表情鲜活起来、灵动起来，静态的云冈舞蹈形象破窟而飞，最终以舞蹈作品的形式得以重生。

随着文化的交流与发展，云冈石窟中舞蹈形象为舞蹈题材的编创提供了参照对象，云冈石窟中舞蹈形象的表情从二维平面转变成三维立体的舞蹈。这既反映了现代舞蹈家对云冈石窟中舞蹈形象的创新，又包含了云冈石窟中舞蹈形象在北魏时期的特征。

如今看来，舞蹈界对于云冈舞蹈题材的关注只停留在石窟艺术的表层，鲜有人去深刻诠释云冈石窟中舞蹈形象的表情特征。每一种舞蹈艺术的背后都离不开其特有的历史背景和民族文化，云冈舞蹈不论是从静态舞蹈形象的表情特征还是从动态舞姿造型来说都是社会进步与发展的产物。编创者在对具体时代背景的认知方面加入了自身的想法，创新了云冈舞蹈。

《云冈莲珠纹舞》的编创者选用了一个少有人关注的题材，通过舞蹈的形式，加深了人们对云冈石窟中舞蹈形象表情特征的理解，形象地展示了云冈石窟造像在人们心中神圣的地位，展现了人们对云冈舞蹈艺术的追求。

二、云冈石窟中期舞蹈形象的民族文化气息

中期的云冈石窟是在国家重视、经济发展、强大财力支撑的时代背景下开凿出来的。在此期间，造像艺术达到前所未有的高度。中期石窟精雕细琢，呈现出富丽堂皇的艺术风格，也是艺术水平发展的最高时期。最具代表性的主要为第 1 窟至第 13 窟中的乐舞形象。这一时期在孝文帝迁都洛阳之前，是北魏政治最稳定、经济最发达的时期。全国优秀的工匠人才集聚这里，开凿出的石窟更加富丽堂皇。这一时期的云冈石窟相比于早期的云冈石窟发生了显著的变化，更加突出了北魏汉化艺术的特征。

云冈石窟中期，国力强盛，经济发展繁荣，佛像数量的增多使得云冈石窟出现了富丽堂皇的景象。在东西方艺术文化交流碰撞下形成了复杂多变的表情特征。中期石窟中的舞蹈形象多出现在龛楣上，内容精美细化，艺术价值较高。这为研究云冈舞蹈形象的表情特征在具体舞蹈作品中的运用提供了重要的研究资料。

（一）云冈石窟中期舞蹈形象的时代背景

云冈石窟的中期工程是云冈石窟雕凿的鼎盛阶段，主要有第 1 窟、第 2 窟、第 5 窟、第 6 窟、第 7 窟、第 8 窟、第 9 窟、第 10 窟、第 11 窟、第 12 窟、第 13 窟以及未完工的第 3 窟。这一时期（471—494 年）是北魏迁洛以前的孝文时期，是北魏最稳定、最兴盛的时期，云冈石窟集中了全国的优秀人才，以其国力为保证，进而雕凿出更为繁华精美的石窟与造像。

北魏献文帝时期重新对云冈石窟进行了部署，营造出内容多元化、规模扩大化、形式多样化的局面。内容复杂多变，开凿的面积不断扩大，造像题材也在不断地丰富起来，不是仅以释伽、弥勒为主。孝文帝在献文帝去世之前已继承皇位，但在继承皇位初期，政权掌握在冯太后手中，孝文帝和冯太后被称为"二圣"或"二皇"。

　　这时期皇家主持修建的石窟多为大型双窟，第 1 窟和第 2 窟，第 5 窟和第 6 窟，第 7 窟和第 8 窟，以及第 9 窟和第 10 窟，共有四组大型双窟。孝文帝和冯太后都大力倡导佛教，在开凿云冈石窟中投入了大量的人力和财力，佛龛和造像比比皆是。这时期开凿的云冈石窟在规模、内容上都达到了顶峰。在中期石窟中，"飞天"形象不同于早期西域风格的形象。由于北魏孝文帝汉化政策的推行，"飞天"形象的表情发生了改变，由粗壮健美到窈窕纤细，由浑厚淳朴到含蓄内敛，反映了这一时期石窟中舞蹈形象的本土化特征。

　　由于北魏政权的统一，乐舞融合、吸收了南北朝各自的风格特征，这一时期云冈石窟中舞蹈形象在不同的社会环境和审美观念下既粗犷豪放又婉转含蓄，在看似水火不容中相互包容。

　　在石窟群的最东端的第 1 窟和第 2 窟中，方形塔柱刻在窟室中央，两个窟的方形石窟外有共用前庭，在造像的整体布局和内容上异曲同工，"双窟"的称谓由此而来。云冈石窟中的"双窟"独具特色，在当时的时代背景下充分反映了云冈石窟皇家工程。

　　第 5 窟和第 6 窟为椭圆形平面，空间规模宏大。前者有云冈石窟保存较好的第一大佛；后者以浮雕壁画闻名于世。

　　云冈营造的最早双窟为第 7 窟和第 8 窟。石窟的顶部装饰着莲花与飞天，像一个浪漫的佛国仙境。第 7 窟和第 8 窟门拱的造像的表情特征与装饰都具有中国和西亚的特点。

　　第 9 窟为金刚佛像，人佛头顶鸟翅，窟外前庭的廊柱为雄狮、大象的造型。与第 9 窟相比，第 10 窟则以"飞天"形象为主，他们姿态对称地飞饶在后室窟顶的四周，头卷发髻，身体被衣服紧紧包裹着，手臂肥胖但腰很瘦，身上的丝带飘动，好似身着飘带在空中飞舞。这些带有民族色彩的舞蹈造型为探寻北魏舞蹈的艺术特征留下珍贵的资料。

　　第 12 窟中有着最具民族特色的"飞天"形象，称"离垢地菩萨洞"，又称

"音乐窟"。第12窟中的"飞天"大都光着脚，舞姿巧妙绝伦，神态从容自若、沉着镇静。这些"飞天"是根据鲜卑族的妇女想象而成的，是人与神的结合，民族主义色彩浓厚。从这些"飞天"中也可以看出北魏时期鲜卑族少女的影子。

太和十三年，随着"汉化政策"的推行，人们的民族意识觉醒，"秀骨清像、褒衣博带"式佛像为云冈中期舞蹈形象的特征。中期造像虽然富丽堂皇、造型精美，但失去了个性和特点。该时期云冈石窟中的舞蹈形象承袭了早期的时代背景，随着政权的更替和"汉化政策"的推行，本土化的特征明显，石窟中舞蹈形象的汉民族文化色彩逐渐显露，造像的表情更趋向清秀、高雅；服饰也由佛装、菩萨装转化为汉装。这也说明了云冈舞蹈的演变过程是从"胡貌梵像"到"改梵为夏"。

云冈石窟是佛教东进的开端，随着北魏时期佛教舞蹈传入中原，衍生出的云冈舞蹈兼具西域和汉民族文化的特征。佛教思想深入人心，从而促使云冈石窟中的舞蹈艺术迅猛发展，为云冈石窟中舞蹈形象表情特征的建立打下了基础，也为现今舞蹈编创者提供了珍贵的历史材料。

（二）云冈石窟中期复杂多变的舞蹈表情特征

云冈石窟中期舞蹈形象富丽堂皇、曼妙多姿。从造像的表情上说，这一时期石窟中的舞蹈形象正处于早期和晚期舞蹈形象的过渡时期，既有早期浑厚淳朴的特征，又有晚期清秀典雅的特点。这一时期的云冈舞蹈发展迅速，受外来因素与汉文化双重影响，在借鉴、继承本民族舞蹈特征的同时，也在不断吸收、融合其他各民族的舞蹈特征。

云冈石窟中期呈现汉化的发展趋势，新的题材和造像组合在这一时期开始出现，舞蹈形象的表情复杂多变。比如，第2窟是云冈石窟中期造像新组合，进入石窟，向最上层望去，石窟中有天宫乐伎和众多佛像，天宫乐伎的舞姿优美，体态轻盈柔美，不同形象间的融合构建出一幅有关云冈舞蹈的精美华章。

云冈中期的舞蹈形象主要集中在第6窟到第12窟中。这一时期的舞蹈形象不再是佛国天界般的造像，更多的是人化了的神，包含数以万计、千姿万态的舞蹈形象。第6窟西壁，一舞伎右腿向后跷起，手呈托式，有"跷足"之韵味。东西壁呈现出龟兹弹指的飞天舞蹈与舞姿婉约的西凉舞蹈。第7、8窟这一组前后室呈长方形，是开凿时间最早的双窟，两室中间还残存着长卷式的佛教文化。南壁门拱上的六位供养菩萨飘然曼舞，是闻名于世的"云冈六美人"。此窟还有腾空跃起的"倒踢紫金冠""双飞燕""吸腿跳"等舞蹈动作，也有红极一时的"微笑菩萨"，给人以美的享受，其胸前挂鼓的舞蹈形式也是现今山西民间花鼓舞。

第9窟主像为释迦牟尼，东西两壁各雕一个菩萨。顶部有一位双手举着莲花的舞伎，眼神微微眯起，低头挺胸塌腰；旁边的舞伎花样百出，喜笑颜开，为飘带舞的典型特征，这种舞蹈形象在第3、4窟中也有体现。第9窟的两个坐姿佛像，一手放在脑后，一手高高举起，表情欢快、诙谐，颇具新疆民间舞的特征。飞天环绕在明窗顶部的莲花中，神情活泼，塌腰挺胸，旁边的舞蹈形象复杂多变、花样百出，为典型的飘带舞特征。形体完美、体格健硕、身材魁梧为逆发"飞天"，似青年男子；短小精悍、姿态轻柔优美为束发"飞天"，似民间美女。

第10窟窟壁上部有大量舞伎群，有的手捧莲花，有的坐着斜身回头，坐姿好似印度紧那罗的坐姿。第10窟中最具特色的要数雕刻的力士佛像了，佛像目光凌厉，体格健硕；力士像是佛的守护神，有的举着石头，有的拖着佛座，目光凌厉。在力士舞中，舞者以男性特有的高大魁梧来展现男士的刚，第10窟中的力士佛像赤裸上身，雄健的肌肉、笑瞪的双眼等一系列造型无一不展示出男性的刚，是集力感与美感于一身的佛像舞蹈。

力士舞很好地展现了气势恢宏的力士像的风格特点，同时也是云冈石窟中仅有的男性舞蹈形象。力士像是以男性化形象示人的守护神，不同于云冈石窟中其他的飞天乐伎，属于云冈石窟中的"化生伎乐"。造像的舞姿气势磅礴、剽悍勇猛，动作充满力量，具有典型的男性美。

在力士舞中，男士的英雄气概通过造像隆起的筋骨、肌肉来表现。力士舞是一种男子独舞,吸收了佛教石窟力士佛像的造型,这种表演需要在一种特定情景下进行,通过舞蹈表情达到传情达意的意图,从舞蹈的形象中可以反映出北方少数民族的威慑气势与北魏时期少数民族男子骁勇尚武的性格。

第12窟是音乐舞蹈最丰富的石窟,是云冈石窟中期音乐舞蹈的典型代表,是一个大型音乐舞蹈的"音乐库"。此窟分为前后两室,窟内前室北壁上开明窗,下凿窟门。门楣上有大量舞伎群,窟顶正中央的莲花周围有六个舞伎人像,有的持奏琵琶,有的吸腿竖起,通过舞伎的眼神展示了舞伎的心理和情感,使佛像"活"了起来。翩翩起舞的飞天围绕在虔诚的供养人像中,铺满了整个洞穴,展现了一场规模宏大的演出场景。从南壁中可看出龟兹乐舞的典型特征:盘旋绕曲的飞天,双脚交叉、扭腰耸胯。由于当时与印度、西凉之间交流频繁,石窟中更多体现的是浓厚的鲜卑式佛教文化色彩的舞蹈。在第12窟的飞天群中,我们可以寻觅到鲜卑化了的仙女形象,她们各自持有不同的乐器,好似一场端庄典雅的歌舞盛会。云冈石窟早期和中期的舞蹈形象兼具西域情调和汉民族文化的特征;中期云冈舞蹈形象多为一些乐伎、飞天形象。

云冈中期的舞蹈形象数量多,具有复杂多变的特点。走进云冈石窟,仿佛回到北魏时期,感受北魏时期的艺术气息,这里不仅有舞姿曼妙的飞天伎乐,还有雄伟刚健的力士天王,更有着闻名于世的微笑菩萨、珍禽神兽、背光火焰等,体现了云冈中期多民族风格的特色。

(三)静态形象到动态舞姿的演变

舞蹈编创者通过对云冈石窟中的舞蹈形象加以构思,在直觉感性的思维引导下创造了云冈舞蹈作品。云冈舞蹈作品表达了一种积极健康的意图,贯穿始终的舞蹈表情有效地呈现在舞蹈作品中,舞蹈表情的变化营造出跌宕起伏的舞蹈情节。在文化交流融合的背景下,中期云冈石窟中的舞蹈形象更具汉化气息,尤其是中期云冈石窟中出现的规模盛大、魅力无穷的乐舞场景。

双人"飞天"形象是在云冈石窟中期出现的,双人"飞天"形象中的表情、姿态都两两对称。在云冈舞蹈作品中，舞者之间的表情是一致与互动的，这在云冈石窟的双人"飞天"形象中有所体现。同时，双人"飞天"也是云冈群舞创作的灵感来源。舞蹈创作者将具有社会历史价值的石窟舞蹈形象的表情特征，演变成动态的舞蹈作品，对其艺术价值进行传承，为当今世人所熟知。

1. 动作整齐

在对群舞的创作中，整齐的动作表情可以起到烘托主题的作用。比如，舞蹈《千手观音》是一部以舞蹈的形式将佛像造像完美演绎的经典作品，是由中国残疾人艺术团的演员表演，由张继钢编导的一部具有普遍价值的舞蹈作品。舞蹈开始，舞蹈动作呈静止状态，是一幅瞬间静止的画像。在舞蹈画面中，整齐的动作表情带给观众心灵的震撼。感触最深的是《千手观音》中21位演员通过变换不同的手势体现出来的花样繁多的圆。舞蹈演员通过站立原地、变换手势，形成了全圆、半圆、三分之一圆等造型。张继钢导演对云冈石窟造像中的舞蹈形象表情进行借鉴，在轻灵飘逸的音乐和灯光的配合下，21位舞蹈演员纵向排成一列，队前由一名女演员静止模仿佛像造像中的舞蹈形象，队后由数十名舞蹈演员通过手臂左右变换出不同的姿态，肢体表情整齐划一。

舞蹈《千手观音》主要以舞蹈演员整齐划一的一线排列为主，在整个舞蹈过程中，舞蹈演员通过肢体表情的不断收与放，演绎出了万千的舞蹈形态，让观众感受到在舞台之中屹立的舞蹈演员犹如一尊"金佛"。云冈舞蹈柔美且流动性强，通过肢体表情和面部表情将舞蹈队形进行点、线分布，强调定点，动作整齐划一。该作品的成功之处是将石窟中的舞蹈形象，通过编创者的创新与想象，突破自身的审美局限，塑造出了生动鲜活的舞台艺术形象。舞蹈演员手臂的变化与其说是一朵盛开的莲花，倒不如说是佛像的佛光，营造出了佛教普济众生、大爱无边的氛围。

轻盈曼妙的音乐响起，领舞者邰丽华和善温婉，呈东方式的曲线身姿。舞蹈演员静态的动作造型衬托了在不变造型身后千变万化的"千只手"。舞蹈《千手观音》中 21 位年轻的聋哑演员运用了肢体表情与面部表情，整齐划一的舞蹈动作从空间、幅度、方向、节奏上进行小角度、多方位的变化，不同于传统动作的连接逻辑使其独具特色。在舞蹈编排上，舞蹈演员们手臂的变换出神入化，舞姿却又不失端庄典雅，干脆利落的舞蹈表情带给观众强烈的视觉冲击力。舞者呈竖线排列，在不同的空间下配合默契，呈现出整齐划一却寓意深远的艺术效果。舞蹈演员们动作整齐划一，配合默契，韵律感强。

2. 结构清晰

云冈石窟中的舞蹈形象为舞蹈编创者创编舞蹈提供了参照的对象，云冈石窟中可观、翔实的研究资料为众多舞蹈艺术工作者寻求古代舞蹈的发展提供了方向，为寻找云冈石窟中舞蹈形象的审美特征提供了线索。从更大程度上来说，云冈石窟中舞蹈形象的存在与保留为舞蹈艺术工作者从中获取创作素材、找寻创作灵感提供了便捷，是具有重要意义和参考价值的。

舞蹈《云冈莲珠纹舞》获得了国家艺术基金的资助，此舞蹈取材于云冈石窟中的舞蹈形象。云冈舞蹈中表情的构想和创作就是基于云冈石窟舞蹈形象中西域风格的特点。云冈石窟中舞蹈形象的表情多变，造像刻画得惟妙惟肖。通过对云冈石窟中造像具体舞蹈形象表情的继承与发展，对其加以创新，使其舞蹈表情的表现方式不同于其他舞蹈，独树一帜。舞蹈《云冈莲珠纹舞》是通过云冈石窟中的莲珠纹，借鉴"千手观音"的总体创作思路，把舞蹈肢体表情、面部表情加以整合构成的云冈舞蹈。云冈舞蹈作品的内容通过开端—高潮—结尾的结构来表现。舞蹈《云冈莲珠纹舞》是一部表情从静态形象演变到动态的舞蹈作品。

云冈系列舞蹈作品中的结构可分为浅意结构和深层结构两部分。从浅意结构的层面来看，《云冈莲珠纹舞》采用的是群舞结构，舞蹈的结构构图通过舞蹈演员肢体表情的不断变化及队形的移动，构成了性格鲜明的舞蹈形象。舞蹈演员对舞台空间的调度构成了忽远忽近、若隐若现的动态构图。《云冈莲珠纹舞》是在云冈石窟舞蹈形象的时代背景下进行改编创作的。该作品以音乐为节点共分为三部分，既不是双人舞也不是独舞，而是以群舞的形式呈现给观众。该作品包含了以下三部分。

第一部分为"平"。伴随着优美的古风音乐，舞蹈演员立着脚尖从舞台两侧缓缓走到中央，好似飞天舞群，对称的舞蹈队形、优雅的舞姿展现出云冈舞蹈的高贵典雅。舞蹈演员丰富的肢体表情和面部表情复苏了云冈石窟中的舞蹈形象，表现出云冈舞蹈独一无二的神韵。

第二部分为"承"。随着音乐的转变，舞蹈演员变化队形，舞蹈动作加快。舞蹈演员面部表情时而紧皱，时而舒展；肢体表情时而抒情沉稳，时而端庄高雅。他们将云冈石窟中舞蹈形象的表情"复活化"，表现了极强的艺术感染力和表现力。这部分属于舞蹈作品的高潮部分，充分展现了舞蹈作品结构中舞蹈表情的重要作用，也是一部成功舞蹈作品所必备的元素。

第三部分为"转"。以北魏时期云冈石窟的时代背景图为衬托，云冈舞蹈中的面部表情转为温婉妩媚，肢体表情刚健有力。舞蹈演员的表情沉稳温和、恬静深情，展现了舞姿形象中的神态气质，产生了不同的视觉特效。云冈舞蹈的舞蹈结构通过舞蹈演员队形中线与图形的搭配来变化，利用舞蹈队形结构的变化，艺术视觉效果呈现出交错、分散的形态，舞蹈结构的变化可以更好地烘托出绚丽的舞蹈画面。

从深层结构上来说，舞蹈编导张继钢的《千手观音》是以肢体表情、面部表情和队形的变化为主。《千手观音》之所以能成为经典，原因在于清晰独特的舞蹈结构，舞蹈开始以整齐一线式排列变为扇面排列。舞蹈《千手观音》在其开端、高潮和结尾部分都紧紧围绕舞蹈结构的主题来铺垫。舞蹈演员通过无声的肢体表情向观众传递出对佛国世界的向往。舞蹈表情通过舞蹈结构传达了舞蹈作品背后更深层次的故事。舞蹈是至善至美的象征，使我们看到一个特殊群体对生活乐观积极的态度，对舞蹈艺术执着的追求，充分表达出人们对彼岸世界的向往与期盼。深层次的文化意蕴与优美的舞蹈动作水乳交融，营造出一种至善至美的舞蹈意象，深深地打动了观众。

编创者通过层次清晰的舞蹈结构塑造佛教舞蹈的形象。由此可见，舞蹈表情的表达决定一个舞蹈结构的成败。一部成功的舞蹈作品离不开层次清晰的舞蹈结构，而舞蹈表情又是衔接舞蹈结构的桥梁，二者相辅相成。

三、云冈石窟晚期舞蹈形象的现实主义色彩

北魏太和十八年（494 年），孝文帝由平城迁都洛阳，改变了过去对中原地区遥控的形势。由于政治、经济、文化、军事重心南移，云冈石窟晚期工程的规模大不如从前，该时期的石窟造像主要分布在第 20 窟以西，包括西崖面上的小龛。

晚期的云冈石窟开凿空间变小，舞蹈形象从窟面转向了窟顶，既充分利用了窟壁，又不影响整个窟室主题的统一。这一时期的石窟在规模上较之以往有了大幅度的缩减，但是云冈石窟晚期的开凿对东部区、中部区、西部区结成一条 1 千米长的石窟群起着必不可少的作用。

北魏"汉化改革"的政策使得后期的佛教造像呈现出一种清新典雅的艺术风格，这种"秀骨清像"对北魏时期的龙门石窟也产生了深远影响。云冈石窟中的舞蹈形象是舞蹈艺术的宝库，在云冈石窟中，无论是气势恢宏的早期、雍容华贵的中期，还是清新秀美的晚期，在其石窟造像中都可以看出舞蹈形象的表情特征各不相同，都具有各自不同的风格特征。

（一）云冈石窟晚期舞蹈形象的时代背景

晚期云冈石窟中舞蹈形象的表情特征更加突出地展现了现实主义色彩。晚期的云冈造像多由平城的中下层阶级修建，"秀骨清像"的特点是晚期舞蹈形象的代表。孝文帝新政的推行象征着北魏时期政权的统一和民族的融合。汉文化的烙印也深深地印在云冈石窟的舞蹈形象中，中下层官吏及百姓塑造出更通俗化、平民化的晚期舞蹈形象。

云冈石窟的晚期工程是在北魏迁都洛阳后（公元 494—524 年）开凿的。这

一时期不再是大规模的皇室工程，而多为中下阶层在民间补刻的窟龛。这些窟龛主要集中在云冈石窟西部第 21-45 窟，东部的第 4 窟和中部的第 14、15 窟。云冈晚期以中小型石窟为主，崖面上遍布了自东向西的窟龛，窟龛有条不紊、多而不乱，虽给人以雄伟、壮丽之势，但从艺术性来说，很难与前期和中期的石窟媲美。尽管云冈晚期大窟数量减少，但开窟造像之风在民间开始盛行起来。窟室规模小，造像内容更加模式化，题材更加简单化，脱离了气势磅礴的皇家造像，以清秀俊美的人物形象为主，突出了造像的"秀骨清像"。

统治者的喜好再加上乐舞娱人的功能，在当时引发了盛行一时的歌舞活动，王室贵族中多有豢养家伎之风。在征战中，每打一次胜仗，就将当地的舞伎带回供自己享乐之用；与此同时，统治者不仅对乐舞重视，还用歌舞的形式来颂扬国威，并在宫廷中设置乐舞机构。一方面，受汉晋舞蹈的影响，宫中的乐舞加入了中原的"百戏"；另一方面，西域特色的乐舞也在其中，促使两地区的乐舞文化得到了进一步加强。

晚期的云冈石窟不再成组，而是以单窟形式出现，内部布局方整规制；佛像造型更加消瘦，逐渐形成了长颈、肩窄的"秀骨清像"，为清瘦型的汉人士大夫形象，这也是云冈石窟后期舞蹈形象的显著特点。"秀骨清像"的形象大量出现在了龙门石窟中，但是在云冈晚期形成的。孝文帝时期政权稳定、国家兴盛，由于汉化元素的增长和外来因素的削弱，这个时期的舞蹈形象具有清新典雅之风。

（二）清秀典雅的舞蹈表情特征

云冈石窟晚期的"飞天"身穿紧紧贴身的长裙，其表情、服饰逐渐趋向汉化，而"飞天"的形式却未受到过多的影响。在舞蹈服饰上将原本赤裸的脚藏进了裙摆之中，表情内敛极具汉民族文化。另外，在南北朝乐舞文化的交流与融合下，新形式的乐舞——清商乐出现了。

云冈石窟的晚期一方面受到西域文化冲击；另一方面受"汉化改革"的影响。晚期的云冈石窟龛式较多，更加注重形式美，具有浓厚的汉族文化气息，与龙门石窟中的乐舞形象极为相似。云冈晚期造像与雕刻多由平城的中下层官吏及百姓所营建，塑造出更具随意性、通俗性和平民化的舞蹈形象。这一时期的造像大多褒衣博带、面形消瘦、神情缥缈；菩萨身材修长，神态凝重；"飞天"则去掉了圆形头光，轻盈飘逸，展现出一种清秀典雅的艺术风格。同时，孝文帝在当时推行的改革政策直接影响了云冈石窟的乐舞形象，汉族女子的形象开始出现在晚期的云冈石窟中，舞人以面相清秀、身穿长裙著称，呈双手托日月的姿态。

云冈石窟第34窟西壁的"飞天"被评为云冈石窟的"最美舞者"，其婀娜多姿的舞姿造型、清丽的面容和纤细的腰身将鲜卑族姑娘的风情与汉族女子的端庄合二为一，是中西文化交流与融合的产物。第34窟中除了"飞天"形象，还有力士造像。乐舞艺人的表情也反映出了当时的政治状况，武力为当时的统治者所尊崇，因此，石窟中的舞蹈形象多为武舞，也称"力士舞"。

晚期的云冈石窟用写实的手法再现了北魏时期舞蹈形象的表情特征，具有浓厚的现实主义特征。在云冈石窟晚期的窟龛造像中，龛内乐舞表现更具随意性、实用性和世俗性。这一时期主要以现实生活中的乐舞艺术为主，比如，第38窟平棋藻井的幢倒伎乐中出现"鸟飞""倒挂"等伎乐形象。

云冈石窟晚期，无论是供养人还是"飞天"形象都有了很大差别，可以看出"百戏"活动的繁盛。这时期石窟中乐舞形象的表情继承了汉代古拙质朴的艺术特征，融入民间百戏、歌舞杂技等民间舞蹈形式，具有重要的现实意义。

（三）云冈石窟晚期舞蹈形象表情的运用

云冈舞蹈以人体动作为载体，通过特有的表情特征，将舞蹈的肢体表情与面部表情相结合，塑造出生动形象的舞蹈形象。云冈舞蹈的舞蹈演员要通过舞蹈表情来表达人物的内心情感，在舞蹈演出活动中将面部表情与肢体表情完美结合，可以更加丰富石窟造像中的人物形象。不论是高贵的芭蕾舞，还是表情丰富的民族民间舞，都缺少了云冈舞蹈表情的那份灵气。云冈舞蹈追求"神形兼备"的审美特征，石窟造像中不同的乐舞形象都有着独特的神态、造型和内心世界。

1. 肢体表情

肢体表情是指通过身体、姿态来达到传情达意的效果。舞蹈的肢体表情在云冈舞蹈作品中占据主导地位。云冈舞蹈作品是基于晚期的云冈石窟中的舞蹈形象进行创作的，彰显了云冈石窟中舞蹈形象的表情特征。舞蹈的肢体表情并不是抽象的、虚拟的，而是在舞蹈作品中起主导作用的舞蹈灵魂。比如，《云冈六臂神舞》的最大特点就是用肢体表情来渲染气氛，将云冈石窟中的舞蹈形象融合在作品中，并对其加以创新。

古风音乐响起，舞者立着脚尖从舞台的两侧走出，随着不同的舞姿变化，手臂动作也在变化。云冈舞蹈以手臂动作的变化为主，加入了对手势的运用，不仅有传统古典舞的兰花式，还有五指张开的盛开式。婀娜的身姿、多变的手势、妩媚的眼神、典雅的风度，每一个动态的舞蹈表情都强调了造型的美感，凸显了云冈石窟中舞蹈形象的表情特征。舞蹈演员的肢体表情充分运用了人体线条的美感，传达出动态舞蹈表情的韵味。《云冈六臂神舞》将静态的石窟造像动态化。舞蹈演员通过手臂的变化、手势的运用强调了舞蹈表情的美感。舞蹈编创者对云冈舞蹈形象中的表情特征进行提炼，将一个个静态的舞蹈表情连贯起来，形成一幅幅优美灵动的舞蹈画面。

云冈舞蹈不仅吸收了云冈石窟晚期清新优雅的风格，也适当地融入了西域舞蹈中柔媚俏丽的舞姿。正是把握住了石窟造型内在的神韵，以及乐舞形象外在的形态，才使云冈舞蹈焕发出顽强的生命气息。表情是内心世界的外化，在"心"这一概念中，云冈舞蹈更加注重外在的文化气蕴以及舞者自身的舞姿和肢体表情的变化。云冈舞蹈更加强调舞蹈的肢体表情。比如，云冈舞蹈最后的收式，双手合掌，舞姿虽静止，但是给人一种"形已止而神不止"的画面。

晚期的云冈石窟中的舞蹈形象较早期、中期的大有不同，主像佛、飞天、供养人的原型都来源于现实生活中的人们，在历经时代的变迁后，写实主义色彩进一步增强。与此相比，肢体表情准确地表达了北魏时代背景下舞蹈形象的表情特征，例如，《云冈六臂神舞》中的肢体表情多从云冈石窟的舞蹈形象中提炼而来，是北魏时期云冈舞蹈文化的体现。

舞蹈编创者通过舞蹈的动作、姿态、舞蹈段落来刻画人物形象，舞蹈作品以直观的视觉表现呈现出来，真实形象地将石窟中的舞蹈形象展现在观众面前。舞蹈《云冈六臂神舞》是一支具有佛教主义色彩的舞蹈，通过肢体表情彰显了晚期云冈石窟中舞蹈形象的表情特征。

2. 面部表情

面部表情的运用可以更好地表现舞蹈作品中舞蹈演员的内心情感，如舞蹈《千手观音》，领舞者面部表情娴静，无声的肢体表情传递出一种向善向美的情感，舞蹈融入佛教文化，带有济世情怀，唤醒人们对精神世界的向往。舞蹈演员的神态动作展现出佛教普度众生、慈悲为怀的理念。随着舞者们小幅度的队形变化，领舞身后的舞者露出淡雅的笑容，少了些夸张，多了些素雅。舞蹈表层的美、深层的含义和背后的故事融合在一起，象征着善与美的佛国天界，向观众传递出一种和平、宁静的情感。这也正是编导想要通过舞蹈表演者的面部表情强调舞蹈的内在神韵。

舞蹈的面部表情是传达舞蹈内心情感的媒介。舞蹈演员运用丰富的舞蹈表情将云冈石窟中的舞蹈形象以动态的舞姿呈现出来。丰富的面部表情展示了云冈石窟中舞蹈形象独一无二的神韵。形象艺术最突出的特征是舞蹈的面部表情。将遥不可及的造像演绎出来并非易事。舞蹈家用独特视角发现和捕捉云冈石窟造像的风格特征，并运用舞蹈艺术的技巧显现出神秘、深邃的面部表情，散发出一种佛教舞蹈的灵气与气质。如《千手观音》这个剧目，舞者以手为言，以眼为语。这里我们需要着重注意的是面部表情在舞蹈中的表现。舞蹈演员面部表情的运用增强了整个舞蹈作品的美感。舞蹈演员在舞台上的每一动作都蕴含着丰富的情感，舞蹈演员表情肃穆、平静，与以往舞蹈作品中夸张的面部表情形成鲜明的对比。

舞蹈作品借助角色的一举一动来展现出编导的意图，舞蹈演员则通过舞蹈动作与面部表情的结合来完成云冈石窟舞蹈形象的表情特征。作品将舞蹈形象象征性的画面、特征传递给观众，帮助他们刻画舞蹈形象的表情特征，感知云冈石窟的舞蹈文化。因此，只有丰富饱满的面部表情才能塑造出典型的舞蹈形象，营造出生动鲜活的舞台形象。

　　舞蹈演员面部表情的运用可以更好地向观众展现云冈石窟中舞蹈形象的表情。面部表情的表达是舞蹈作品中的重要环节，能够辅助肢体表情，塑造出真实的舞蹈形象，起到传情达意、烘托舞台氛围的作用。面部表情是舞蹈作品中表现最为丰富的地方，面部表情的收缩与舒展使得舞蹈作品中的人物带上艺术化的特点。云冈舞蹈的面部表情是舞蹈信息的传递手段。在云冈舞蹈中，丰富的面部表情可以激发观众感情上的共鸣，展现人们对佛国世界的向往与希冀。如舞蹈《千手观音》中不同的面部表情代表着不同的含义。舞蹈开始，舞蹈演员呈现出端庄、典雅的表情。舞蹈演员的面部表情始终伴随着舞蹈动作贯穿于整个舞蹈演出活动之中，舞蹈演员通过表情与动作间的配合向观众传达了云冈石窟中舞蹈形象表情的神韵，诠释了云冈舞蹈的意蕴。

　　云冈石窟中的舞蹈形象以舞蹈表情的表现为主。云冈舞蹈通过舞蹈表情传达出舞蹈生命的情绪和意象。舞蹈形象的表情性是舞蹈作品中的重要因素。云冈舞蹈的表情完整地表达了云冈石窟中舞蹈形象的意境，更加注重传神与内涵，因此，传神且有内涵的舞蹈表情在舞蹈作品中占据主导地位。云冈舞蹈综合了石窟中舞蹈形象的面部表情，从石窟造像中提炼出有创新价值的舞蹈形式，为云冈舞蹈的发展创造条件。在舞蹈表演的过程中，舞蹈表情的运用对演员而言十分重要，特别是在某一部具体的舞蹈作品中，舞蹈演员需要将舞蹈的多种表情结合起来，向观众传达舞蹈演员的情绪情感。生活中的表情是云冈石窟中舞蹈形象表情的折射，云冈石窟中舞蹈形象的表情是生活表情的夸张再现。在云冈石窟中，舞蹈的面部表情是展现舞蹈作品的手段，由云冈石窟中舞蹈形象静的表情变为云冈舞蹈中动的表情，这是一种艺术的升华。因此，舞蹈表演中的面部表情对于任何一个舞蹈演员而言都具有十分重要的作用。

面部表情起到深化主题的作用，是舞蹈表演中的重要组成部分。通过对舞蹈面部表情的刻画来表现舞蹈作品的完整性。在云冈舞蹈面部表情中，眼神艺术的表现更是匠心独具。随着佛教文化的发展，云冈石窟中人物眼神也更加秀美而不媚俗，彰显出动人心魄的艺术韵味。

云冈舞蹈作品是云冈石窟造像的反映，因此，云冈石窟中舞蹈形象的表情特征对于表达云冈佛像造像中的佛教舞蹈意境有着极其重要的作用。云冈石窟造像中舞蹈形象的表情特征是佛教舞蹈的重要组成部分，既有温文尔雅之韵，又具目光笃定之气。云冈舞蹈作品也非常注重眼神的交流，尤其是在队形变化后，两位舞者两两对称，你看看我，我瞧瞧你，呈现出一种对称美，云冈舞蹈很好地将云冈石窟中的"双人飞天"形象的运用到作品中来。

四、云冈石窟中舞蹈形象的艺术价值

云冈石窟中舞蹈形象的表情为研究古代舞蹈史提供了大量的信息，也是当代舞蹈编导编创云冈舞蹈的线索来源。生动形象的舞蹈素材是当代舞蹈编导者和表演者寻找灵感的依据。舞蹈编创者从佛像的轮廓、线条、神情的视角去观察，在云冈石窟中舞蹈形象的表情基础上进行舞蹈创新，突破昔日云冈乐舞的审美局限，以寻找新的舞蹈动作和审美元素。随着我国舞蹈艺术的发展，舞蹈编创者根据时代需求，基于云冈石窟早期、中期和晚期中的舞蹈形象，把静态的形象转换为轻盈优美的舞蹈。在舞蹈家们的共同努力下，成功将云冈石窟中舞蹈形象的表情搬到了舞台。

（一）提供舞蹈表情创作素材

云冈舞蹈是对整个云冈造像中舞蹈形象表情的提炼与概括，基于云冈石窟中的舞蹈形象，对其早期、中期、晚期舞姿加以分析与构思，从而提炼出云冈舞蹈特有的表情特征。舞蹈创作者深入挖掘、传承与发展云冈石窟中舞蹈形象的表情特征，以北魏时期的舞蹈文化为理论依据，通过自身的理论知识，以舞蹈的艺术形式创作出云冈舞蹈，再现了北魏时期拓跋族的舞蹈文化。在云冈舞蹈中，无论是它的舞姿造型，还是它的体态动律，都蕴藏着浓郁的佛教色彩。云冈舞蹈以云冈石窟中舞蹈形象的表情特征为基础和核心，在满足现代人的审美需求的前提下，融入了古代云冈舞蹈艺术的精髓。比如，取材于云冈石窟的《云冈莲珠纹舞》得到了各界关注，还有反响极好的舞蹈《千手观音》向观众展现了佛教的神圣、庄严。

云冈舞蹈艺术创作是无固定范畴的，但是云冈造像中的舞蹈形象却有着极高的可信度。云冈石窟主要有 45 个石窟，各式各样的石窟各具特色，编创者将依据云冈造像编创出的舞蹈形象活灵活现地呈现给了世人。基于云冈石窟中舞蹈形象的表情特征创作出的一系列云冈舞蹈，有《云冈莲珠纹舞》《云冈六臂神舞》《云冈长袖飞天舞》。舞蹈表情可以更好向人们传达出舞蹈形象的性格、情绪甚至内心世界。

而这一切都是以舞蹈表情这一媒介为前提，云冈系列舞蹈不再是对石窟舞蹈形象表情的照搬、照抄，而是对石窟中舞蹈形象进行简单的创造，这便赋予了云冈舞蹈以新的艺术生命。云冈石窟中的舞蹈形象却给后人提供了弥足珍贵的舞蹈史料。要创作诸如云冈石窟中的佛教舞蹈，首先要保证的就是舞蹈内容的真实可靠。舞蹈内容作为云冈舞蹈的基础与前提，其内容的真实性直接影响作品品质。云冈系列舞蹈把静态的舞蹈形象的表情演变成动态的舞姿，表达人们对彼岸世界的向往之情。

云冈造像是历史文化的遗产，为云冈舞蹈的研究提供了宝贵的艺术资源，云冈石窟中舞蹈形象的表情为舞蹈创作者提供了灵感源泉。以云冈舞蹈形象的表情为主题的舞蹈创作在不同的时代背景下相继产生，以其特有的舞蹈形式流传至今。舞蹈编创者通过多姿多彩、美轮美奂的舞蹈意境重新将云冈石窟中舞蹈形象的表情呈现在世人面前。

舞蹈编创者通过对云冈舞蹈形象表情的全方位分析，从 45 窟的云冈造像的舞姿中提取、提炼出具有代表性的静态舞姿。以现代人的视角演绎动态云冈舞蹈形象的表情，复活了云冈石窟中的舞蹈形象，云冈舞蹈的表情由静态舞姿转变到动态的舞蹈。云冈舞蹈形象在舞台上的运用得到了进一步的发展，在后期的舞蹈创作中，舞蹈编导不仅要注重舞蹈的创新工作，同时还要在吸取前人经验教训的基础上，不断地丰富云冈舞蹈的表情特征。云冈舞蹈代表着云冈石窟的历史文化，有关云冈舞蹈题材的舞蹈作品传承着北魏时期的云冈舞蹈文化，编创者将其加以创新，将古代舞蹈的造型真实地展现在观众面前，为云冈舞蹈的创作及研究提供了极为珍贵的素材。

（二）提供舞蹈表情研究依据

大同有着特殊而重要的地位，说它特殊且重要是因为大同是佛教文化的圣地，大同通过数千年的历史变迁积淀了丰富的佛教文化，其中就有闻名于世的云冈石窟造像。我国北魏时期造像艺术中舞蹈形象的表情在云冈石窟中得以保存，石窟的窟壁、窟龛、门楣上都包含了内容丰富的舞蹈形象，真实地记录了北魏时期舞蹈形象的表情，为研究云冈石窟舞蹈形象的表情提供了珍贵的历史参考资料。

云冈石窟中的乐舞形象是中国佛教舞蹈艺术的一个重要体现，反映了民族大融合对云冈石窟中舞蹈形象的发展方向的影响。云冈石窟为佛教舞蹈艺术的发展提供了重要的参考价值，也是集历史价值、艺术价值和文化价值于一体的艺术瑰宝。云冈石窟有 1500 多年的历史，经过历史的变迁和人类历史发展的见证，形成了云冈石窟特有的艺术遗产。云冈石窟中舞蹈形象是北魏时期云冈乐舞的"活化石"，与当时的文化和社会生活高度相关，具有划时代的意义。在岁月的长河中，云冈石窟为我们留下了独具特色的舞蹈文化，承载着北魏王朝的政治、文化以及历史的发展。

云冈石窟集聚早期、中期、晚期风格各异的舞蹈形象的表情，是中国古代东西方文化交流的舞蹈成果。在魏晋南北朝时期，封建势力各霸一方，战争不断，政权更迭频繁。中国文化在这一时期受到强烈冲击，特别是佛教文化，受外来文化的渗入与影响，衍生出西域文化与各民族文化交融的佛教乐舞艺术。随着佛教舞蹈传入中原，佛教文化在魏晋兴起，在北魏兴盛。佛教乐舞的发展为打造云冈石窟的绝美华章画上重要一笔。它遗存了北魏时期的佛教舞蹈艺术，也为现今音乐与舞蹈研究提供了珍贵的历史材料。

北魏迁都洛阳后，中外文化频繁，西域伎乐、古雅乐流传到中原。西凉乐产生于古凉州，在隋、唐时期盛行，盛名卓著的乐舞具有地方特色，也是当时文化交流的成果，在古代乐舞的书籍中也有所记载。北魏太武帝正式将西域各民族的传统乐舞囊括在宫廷乐舞机构中。宣武帝统治期间，为了表彰高车族的臣服，赠送他乐器一部和乐工八十人，这一举措进一步加强两地区的乐舞文化交流。

云冈舞蹈兼具西域与汉文化舞蹈风格，遗存了北魏时期的云冈舞蹈的表情特征，为打造云冈系列的舞蹈画上绝美一笔，也为现今音乐与舞蹈的研究提供了珍贵的历史材料。舞蹈艺术是一种转瞬即逝的动态造型艺术，在古代舞蹈活态资料缺失的前提下，那些雕刻在石窟造像中的各种舞蹈形象为我们今后对云冈舞蹈表情的研究提供了依据，为舞蹈编创者提供了具体、生动的参照物，具有不可估量的史学价值和艺术价值。

在历史发展的见证下，云冈石窟中舞蹈形象的表情逐步形成和遗留下来，云冈石窟中的舞蹈形象记录了云冈石窟早期、中期和晚期的表情特征。《云冈莲珠纹舞》《云冈六臂神舞》《云冈长袖飞天舞》等云冈系列的舞蹈更好地推广了云冈舞蹈的表情特征，展示了云冈石窟舞蹈形象的风采，促使云冈舞蹈走向了世界，被世界所认知，促进了云冈舞蹈的发展。

从文化史的角度看，云冈石窟中舞蹈形象的表情特征是北魏时期社会发展变化的缩影，形成了早期浑厚淳朴的西域风格、中期复杂多变的汉化风格和晚期清新典雅的现实主义色彩，表现了云冈石窟中舞蹈形象的表情在历史上的变化发展。北魏时期是西域文化和中原文化的交融时期，云冈石窟中的舞蹈形象在继承和发展本民族乐舞的同时，也在不断吸收外来乐舞。舞蹈编创者通过对舞蹈艺术的加工创造，将那些一成不变的云冈石窟中舞蹈形象的表情运用到舞蹈作品中。

从社会学的角度看，云冈石窟中舞蹈形象的表情特征是在北魏政治、经济相结合的作用下形成的，反映出云冈石窟中舞蹈形象表情特征的变化与社会变革相关联，反映出云冈石窟中舞蹈形象的表情是各民族融合、交流的产物。云冈石窟中舞蹈形象的表情特征记录了佛教舞蹈东进的过程。以现有的资料看，佛像的相貌、体态、神情以安详、端庄为主，但在历史的变迁过程中，云冈石窟中舞蹈形象的表情也在不断地发生变化。

云冈石窟中的舞蹈形象是一种佛教舞蹈艺术，其表情特征在不同时期形成了各自的艺术风格。云冈舞蹈是云冈艺术的表现形式，云冈石窟中舞蹈形象的表情更是另外一种形式的存在。从美学的角度，云冈石窟中舞蹈形象的表情特征代表着北魏时期人们的审美观念，是北魏时期各民族文化交流的艺术结晶。在当今时代下，舞蹈编创者将云冈石窟中舞蹈形象的表情加以提炼，创作出符合当代审美观念的舞蹈作品。

在云冈石窟早期、中期、晚期三个不同时期的时代背景下，云冈舞蹈形象呈现出不同的表情特征。云冈舞蹈作品的核心要素是对云冈石窟中舞蹈形象的塑造和刻画，舞蹈基于云冈石窟中舞蹈形象的具体表情，通过作品来塑造舞蹈形象的表情特征。

舞蹈作品通过舞蹈表情来传达作品的意境，云冈舞蹈更加注重舞蹈演员对其表情的运用。在舞蹈表演中，不同含义的表达都会配有不同的表情。在舞蹈形象中，表情结合各种肢体语言，向观众传达了美好的意象。通过这种写意方式，广大受众能够在更大程度上感悟云冈石窟造像中舞蹈形象的神韵，能从中领会云冈舞蹈的精华。云冈石窟是大同人民的骄傲，也是世界文化产业的精品力作。云冈石窟中最吸引人的地方要数云冈乐舞的艺术造型了，将佛像造像和壁画造像鲜活化，用舞蹈的艺术形式打造出一流的云冈文化，再现 1500 多年前拓跋鲜卑人的舞蹈文化。

云冈石窟中舞蹈形象的表情特征是在各民族不断融合与发展的背景下形成的，具有极高的艺术价值。雄伟壮阔的云冈石窟有着不同的风格特征。在不同的时期，云冈石窟中舞蹈形象的表情特征各具特色，是集西域、北疆游牧民族及中原汉文化于一体的杰作，充分体现了我国古代的审美思想，凝聚了古人的物质和精神力量。舞蹈艺术的遗存不同于其他艺术，云冈石窟是少有的舞蹈形象的动态资料。对于舞蹈研究者来说，云冈石窟中的舞蹈形象是十分珍贵的，具有很高的历史价值和艺术价值，并为当代舞蹈编导者在创作云冈舞蹈作品的过程中提供了最具体、最生动的参照形象。

第二节 云冈石窟中的"飞天"伎乐舞文化

一、石窟中"飞天"伎乐舞的界定与形象范式

云冈石窟中的"飞天"雕像是佛教石窟寺文化当中普遍存在的一种艺术表现手法，几乎中国所有石窟中都有着"飞天"雕像现象存在。"飞天"这种文化符号虽然是随着佛教文化从印度传入中国的，但在植根于中国本土文化的过程中无不打上中国传统文化审美范式的烙印，从而形成具有中国特色的佛教"飞天"伎乐舞图式。为了深入地研究石窟中的"飞天"伎乐舞雕像衍化过程，必须先掌握石窟当中"飞天"的含义，在此基础上探寻"飞天"伎乐舞自身的来源与移植他乡发生的嬗变，只有这样才能更清楚、有效地研究"飞天"伎乐舞的价值所在。

（一）"飞天"伎乐舞的界定

1. "飞天"

"飞天"，顾名思义指的是飞舞的天人。在中国的传统文化中，"天"指的是苍穹，但也有人认为"天"有意志的意思，可以理解为天意。从佛教文化中看，"天"亦称"提婆"，是梵语的译音，又称圣天，也可解释为天街、天道、天趣等含义，同时也寓意着一种最高、最优越的境界，或者理想的生存环境，具有宇宙层次的概念。

"飞天"，在佛教中堪称是"乾闼婆"和"紧那罗"的化身，他们原是古印度神话中的娱乐神和歌舞神，是一对夫妻，后来被佛教吸收成为天龙八部众神之一。

乾闼婆为梵语的音译，译意为"天歌神"。因他不食酒肉，并能从身体中散

发出香气，又被称为"香音神"。他的形象半人半兽，身上多毛。其主要任务是在佛国里散发香气，为佛献花、供养，做礼赞，栖身于花丛，飞翔于天宫。

紧那罗：梵语音译，则译意为"天乐神"。他的形象有两种，一种是女身，面貌端正；一种是男身，似人且头上有角。其主要任务是在佛国里为众多菩萨、佛陀、众神等奏乐、歌舞，但是不能飞翔于空中。

之后，乾闼婆和紧那罗相混合，男女不分，职能不分，合为一体。他们往往同时出现，相互配合，形影不离，常常以多姿的飞行形象同时出现在一个画面中，化身为飞行在空中的神，所以被形象地称为"飞天"，两者共同弹琴歌舞娱乐于佛。中国古代道教中也有"飞仙""天人""羽人"的传说，古籍中有关记载众多，出土的文物也有不少例证。

2. 伎乐舞

伎乐舞即我国乐舞，是一个很宽泛的概念。除雅乐舞蹈之外，种种由专业艺人表演的舞蹈，如秦汉的角抵百戏、散乐；隋唐的九部伎、十部伎，坐部伎、立部伎；宋代的队舞等，都被称为伎乐舞。

在佛教经典传入中国之前，伎乐舞就已经出现。在中国古代，伎乐舞都由专职的乐工和舞伎表演，主要是供人观赏的娱乐性舞蹈，因此在乐舞文化发展历程中起着难以低估的作用，也代表了我国古代舞蹈所达到的艺术水平。而对于这些专门从事音乐、歌舞的艺人，我们一般来说都统称为"乐伎"。

3. "飞天"伎乐舞

因为我国石窟当中主要塑造"佛"与"神"形象描绘的"极乐世界"，所以本文中的石窟"飞天"伎乐舞概念是表现擅舞的天宫伎乐高超的技术和娱佛、献佛时欢悦洒脱的舞蹈，其主要是舞动长绸的舞姿动作，神韵为体、形神兼备的有效组合，也是人类现实生活的折射。由此可见，石窟中"飞天"伎乐舞也负载了修行者眼中现实与理想的双重人物与精神信息。

"飞天"伎乐舞是我国众多石窟中不朽的艺术创作之一，不仅是石窟艺术的名片，其本身也是十分杰出的艺术作品。石窟中的"飞天"形象之多，几乎可以被称为世界之最。"飞天"伎乐舞中"飞天"的艺术形象是一种文化的化身，也是佛教文化多元化融合的一种表现。对于"飞天"伎乐舞中"飞天"形象的研究在我国已经持续了几百年，可以说，随着佛教文化的不断流传，"飞天"伎乐舞中灵动的身姿和曼妙的形象已经成为佛教文化中不可缺失的一个重要组成部分。

（二）"飞天"伎乐舞的形象范式嬗变

任何一种艺术样式都以其特定的审美范式与民族心理契合。从最早的印度"飞天"说起，印度的"飞天"是没有翅膀和飘带的，其形态在壁画上则属于飞行状。随后到了中亚，"飞天"受到了欧洲古典艺术天使形象的影响，有了翅膀。随后，其到了中国才完成了具有东方特色的"飞天"伎乐舞形象。当"飞天"传入中国后，其形象不断地被完善，在印度的基本动态上又增加了长裙及长长的飘带，在造型、情趣、意境、形式、风格上都形成了自己独特的角色定位，展现出姿态美丽、悠然飘飞、韵律十足与祥和的气象。可以看出，这些"飞天"伎乐舞也给人们带来了一种上下翱翔、自然飞动的视觉美感。

追溯历史，"飞天"伎乐舞的形象构图演变可分为六个部分。

第一，十六国时代。这一时期的"飞天"多为凌空飞翔，旋绕窟顶四周。从"飞天"整体的特点上看，与西域的"飞天"是十分接近的，脸型椭圆，大眼、直鼻、大嘴、大耳，佩戴三珠宝冠或花蔓，身材普遍粗短，上身半裸，腰裹长裙，肩披大巾。

第二，北魏时代。这一时期的"飞天"形态逐渐扩大，内容也丰富起来了。不仅在石窟顶上有"飞天"群，而且在石窟的中心柱四面龛上也出现了对称的"飞天"行列，有纵横空中、面对私语等，可以看出，这一时期"飞天"的姿态繁复多变。此时期，"飞天"的整体特点由原来椭圆脸型变为细长丰满型，眼秀、鼻丰、嘴小、五官匀称，身材也变为苗条。

第三，北周时代。这一时期"飞天"的整体特点是脸型丰满，短面，身着汉式大袖长袍。

第四，隋代。这一时期不仅出现了佛陀的威严仪态，还有着小灵神般的"飞天"。

第五，唐代。这一时期"飞天"以规模宏大、气势磅礴的整体面貌进入了石窟当中。这也成就了中国"飞天"艺术的最高水平。

第六，五代至元。这一时期也是"飞天"艺术走向衰落的时期。其在整体的线条上丧失了力度，寡情乏韵。

从上述来看，石窟中的"飞天"伎乐舞形象不仅表现了佛教内容，而且反映了历史生活中的乐舞表演。由此可见，对于石窟中"飞天"形象的研究应该从世俗方面来切入，因为石窟里的"飞天"形象融合了现实与理想不同层面的内容，我们只有将这两个方面的内容有机联系起来，才能对石窟中"飞天"伎乐舞的意义及历史地位有完整的理解与认识。

二、云冈石窟"飞天"伎乐舞的审美范式

云冈石窟"飞天"伎乐舞是一种舞蹈文化，在石窟舞蹈中既有对传统的本土民族舞蹈的继承与发展，又有外来舞蹈的影响与结合，体现了北魏舞蹈发展的复杂性与多元性。

北魏时期，来自印度的佛教艺术在中国化的进程中不断与北魏民族舞蹈以及中原传统乐舞相融合，形成了兼具中外舞蹈文化的独特气质。云冈石窟"飞天"伎乐舞的多元性及其与中西各族乐舞相互交流融合的发展趋势，正是中国古代舞蹈博采众长、高度融合和体现生活等特征在艺术中的反映。

云冈石窟"飞天"伎乐舞中的"飞天"形象就是中外舞蹈文化融合的典型，所谓"有龛皆是佛，无壁不飞天"。在石窟艺术中，"飞天"是最具代表性的形象之一。"飞天"不是一种文化的艺术形象，而是多种文化的复合体。虽然"飞天"的故乡在印度，但云冈石窟中的"飞天"却是印度文化、西域文化、中原文化共

同孕育成的。云冈石窟中的"飞天"没有希腊神话和犹太教、基督教中天使的翅膀，也不长中国神话传说中的羽人那样的羽毛，它借助彩云，凭借飘曳的衣裙和飞舞的彩带凌空翱翔。印度和西域"飞天"最初都较笨重，飘带短，未能飘然腾飞。而云冈石窟北魏盛时的"飞天"，健捷有力，以多变的姿态取得凌空翱翔的效果，而较晚的"飞天"形象由于更充分地利用了飘带的造型而愈见轻灵。

云冈石窟"飞天"伎乐舞融合了北魏时期的古印度、古鲜卑和中原本土的多种艺术，如"西凉乐""高丽乐""清商乐"等，大量天宫伎乐的形象，或吹弹击打，或舞姿翩翩，大都体态健硕，身体扭动成 V 字形，再经过西域式的凹凸晕染，给人一种朴拙的情趣和一派健壮豪爽之美。

北魏汉化背景下的各民族舞蹈文化大融合对舞蹈艺术本体发展的影响主要表现为中国传统音乐开始摆脱礼乐教化的束缚，朝着它本身的艺术天性回归。舞蹈文化的大融合为隋唐舞蹈文化繁盛的局面做好了准备，云冈石窟"飞天"伎乐舞雕刻清晰地记录了各民族舞蹈融合的景象，孝文帝推行汉化的决心和力度足以辉耀千古，汉化措施对鲜卑以及北方各少数民族汉化的推动作用彪炳史册，对魏晋南北朝时期民族大融合进行了总结，为开启隋唐盛世创造了条件。

（一）造型特点的审美范式

云冈石窟的造像气势宏伟，内容丰富多彩，堪称公元 5 世纪中国石刻艺术之冠，被誉为中国古代雕刻艺术的宝库。按照开凿的时间可分为早、中、晚三期，不同时期的石窟造像风格也各有特色。早期的石窟带有古印度、古龟兹的造型特征，即我们所说的"昙曜五窟"，它是云冈石窟最早开凿的石窟；中期的石窟开始出现了汉化的演变趋势，在规模上超过了早期的石窟；第三期则是晚期，这一时期的石窟从造像风格、石窟形制上逐渐趋于成熟。石窟中的舞蹈形象大多是富于流动感的"飞天"。石窟中大小"飞天"共有 2400 多尊。因它们是在不同时期的石窟当中建造的，所以在造像的风格上都有着不同的变化，并呈现出了每一时期不同的艺术审美范式特征。

1. 早期"飞天"的浑厚之美

早期云冈石窟因受到北魏佛教修禅思想的影响，石窟的整体建造较为粗犷、简单，这也使石窟中"飞天"伎乐舞形象受到了一定的限制，在表现形式上相对凄凉冷清些。这一时期的"飞天"数量有限，基本属于"飞天"形成的初级阶段。主要表现对象是天神乐乾闼婆和天歌乐紧那罗。

从风格特征上看，这一时期"飞天"的造像风格大多来源于印度和犍陀罗，有着强烈的异域风格。

从造型特点上看，这一时期的"飞天"体态粗犷、简单、朴实，上着帔帛，下着大裙，躯体扭动不大，双脚裸露，整体动势较为笨拙，身体重心下沉。在石窟中，第20窟主佛背光两侧的"飞天"雕刻是这一时期的典型代表。其身躯健壮，头戴日月宝冠，颈饰项圈，臂戴钏和手镯，上身斜披络腋，下着透体贴身的大裙，双脚显露在外，身躯呈敞口 V 字形，一手持物在胸前，另一手向后上扬，动作谨微，神态端庄沉稳，散发着明媚、宁静之美。并且，这种贴身长裙与露足是典型的印度和犍陀罗的艺术造像风格。可以看出，云冈石窟早期的"飞天"是将印度、鲜卑和汉儒的风格融于一体，并且大量存有着西域"飞天"的影子，虽然给人一种模仿外来艺术的不熟感，却有一种融合状态中的拙朴美。

2. 中期"飞天"的华贵之美

中期云冈石窟是在孝文帝执政期间所开凿的，也是继"昙曜五窟"之后，北魏迁都洛阳前开凿的一期石窟。这一时期在石窟的整体布局、设计方面都有了新的面貌，主要布局以殿为主题，采用中国宫殿式的风格特征。这也直接反映了北魏时期佛教寺院的真实面貌。"飞天"的造像题材也日益丰富多样，为云冈石窟中期形成恢宏、华贵景象带来生机，呈现出了一幅富丽堂皇的景象。

中期"飞天"主要分布在石窟中的第6-12窟中。

从风格特征上看，"飞天"在这一时期除了继承早期"飞天"朴拙飞舞的余绪之外，又融合了汉化的新风。可以说，其经过了印度和犍陀罗佛教艺术及中国传统文化的相互融合，呈现出了汉民族的风格趋势，无论石窟形制、形象服饰还是造像的精神气质，都形成了中国人所熟悉的样式。

从表现形式上看，这一时期的"飞天"形式多样，除了窟顶上的"飞天"造型之外，还分别有龛楣格内、拱龛楣格内外、门拱、明窗顶部、龛沿五种表现形式。

从造型特点上看，这一时期的"飞天"属于新旧交替的嬗变过渡期，既有着早期体态健硕朴拙、裸上身、斜披络腋、露足的"飞天"特征，又有着后期面容清秀、姿态窈窕，上身着短衫、不露足的"飞天"特征。造型变化多端，充满人间情趣。基本形象为头梳花式高髻，耳戴环饰，上身斜披络腋，双臂向外飞扬，下身著扬长大裙，腰肢呈 V 字形，双脚被舞动的披所遮挡。第 6 窟中心塔北壁下窟楣格内"飞天"最能体现这一时期的"飞天"特征。可以看出，云冈石窟中期的"飞天"造像是鲜卑族人在继承与发展秦汉传统艺术的同时，又融合了印度的佛教艺术的结晶，彰显出中华民族自古以来能容天下的博大精神内质。在这种形式下，产生了一种混合的审美范式。

3. 晚期"飞天"的现实之美

各种不同的审美标准主要取决于它们赖以存在的具体社会时期。大体而言，审美的取向有两种，一种是理想型，另一种是现实型。所谓理想型即艺术品自身在风貌上体现着膜拜者们的一种精神理想；现实型艺术品则折射出一种人间现实生活的真实。对于云冈石窟造像来说，早期风格属理想型，而晚期则属现实性。晚期云冈石窟在北魏孝文帝（494 年）迁都洛阳后，由留居在平城（今大同市）的中下层官吏、邑义信士、僧尼和百姓所营造，其造像的功能是为生者求平安，为死者祈冥福。所以，前两期石窟造像的国家政治色彩到了晚期已经被造像艺术的实用性和世俗性逐渐冲淡。石窟整体的规模较小，气势减弱，造型普遍消瘦，但是在雕刻艺术上更为娴熟，具有鲜明的民族特色，也使石窟造像世俗化的审美范式表现为现实之美。

从造型特点上看，这一时期的"飞天"高发髻、脸型清秀、表情含蓄、不露足，上着对襟宽袖短上衣，下着长裙裹足，裙尾卷起如翼，帔帛绕双臂向外扬，体态修长，腰部折成 V 字形，呈现出秀骨清像的新风格。其形态基本属于动作轻盈飘逸，形体夸张，气韵生动，使人仿佛置身于艺术的殿堂。

（二）舞蹈风格的审美范式

"飞天"传到中国融合了我国传统文化的审美意识，从"飞天"的舞蹈姿态看，已深受百戏歌舞的影响。云冈石窟中的"飞天"形象是多民族结合和性别演变的舞蹈形象，在发展的过程中由男性逐渐变为女性形象，舞伎也由单一民族、性别变为多民族，出现了男女共舞。他们用四肢、衣裙和飘带披巾凌空飞舞，表达了佛国无尽的神秘和浪漫色彩。可以说，云冈石窟中有着丰富独特的舞蹈形象，既富有时代特征，又具民族特色。按照石窟早、中、晚三个时期的分布，舞蹈形象也在不同时期的石窟群中显现。

1. 早期"飞天"的简单粗犷

云冈石窟早期，乐舞雕刻与石窟中佛像雕刻相近，在风格的体现上则属于粗犷、简单、朴实。乐舞雕刻数量极为有限，多位于石窟南壁佛龛外侧。乐舞的动作简单、粗犷、有力，表现了鲜卑族崇尚武力的民族精神。

石窟中第 16 窟南壁西侧龛坐佛背光内浅浮雕一组舞人，上身袒裸，叉手冲胯，下着贴体大裙，头部相向偏移，两种力的对抗使得整个弯曲的形体线条劲健挺秀，构成舞姿内在韵律的强烈对比。这种近似于三道弯式的形体曲线体现了犍陀罗造型艺术的典型特色。

石窟中第 20 窟大佛的背光两侧各有一身"飞天"，体形硕大。右侧一身已残，左侧的一身稍微完整些，他上身半裸，饰项圈和臂钏，一条披巾从左肩搭下，顺着身体绕到右腿外侧，长裙和披肩紧贴身体，他一手托花于胸前，另一手在后，正向佛飞来。由于身体很大，显得稍微有些笨拙，体现出一种豪放质朴的舞蹈风格。

石窟中第 20 窟大佛头部右侧，在火焰纹的边上有一身俏丽的飞天，梳着小辫长发，俊美的脸庞，舞姿动作优美舒展，似一个美丽的新疆少女舞着新疆舞蹈。

2. 中期"飞天"的变化多端

云冈石窟中期的乐舞雕刻题材丰富，阵容庞大。乐器种类繁多，形式变化多端。这一时期出现了天宫伎乐，气势宏大，乐舞相融，整体效果极佳。凌空飞舞的"飞天"在鲜卑族动感强烈的韵律中融入了丰富的中华民族的舞蹈精髓，凸显出了"空里众灵飞"的境界。

石窟中第 6 窟西壁上层天宫伎乐列龛中，一舞伎进蹈安徐，舞姿婉约，与同窟东壁举止轻飘的龟兹弹指舞伎形成鲜明的对照，可能表现的是具有西凉乐舞风情的舞蹈。

石窟中第 6 窟西壁盝形龛楣格内"飞天"舞伎中，一舞者右臂上托，右腿高吸纵跃，显示出一种向上力度的舞姿感。

石窟中第 7 窟前室通向后室门拱上，有一身十分生动精彩如"倒踢紫金冠"的舞姿造型，腾空跃起的"飞天"充满生气，十分健美。其他如胸前挂鼓的乐伎，这种击鼓的方式至今是山西民间舞"花鼓舞"的样式。这些为"诸天神作乐舞"的伎乐天是艺术，更是当时生活中乐舞形象的遗存。它的历史价值和艺术价值是非常高的。

石窟中第 7 窟后室窟顶平棋藻井中部南侧，藻井"飞天"捧团莲，洞顶分为六大框格，每格内以一个浮雕大莲花为中心，周围雕出四对八个"飞天"。在双十字式井梁上，每段雕两个对舞"飞天"，全部天花上计有 62 个"飞天"，凌空翱翔，旋转飞舞，充满愉快的节奏和动态之美，表现出满壁飞动的天国幻境，是云冈石窟中最为庞大的"飞天"群组合，也是雕塑史上少有的奇观。

石窟中第 7 窟双人舞的显现。鲜卑人崇尚武力，其歌舞内容多言武事，如流传甚广的《真人代歌》，上叙祖宗开基所由，下及君臣兴废之迹，其中多歌颂草原健儿的尚武精神和英雄主义。北魏定都平城时，命掖庭宫女晨夕歌之，即便在郊庙宴飨这种正规而庄严的场合中，也奏此歌。鲜卑拓跋这种尚武的精神在云冈石窟中最初反映为该窟拱门两侧重层塔柱上各雕3层双人舞伎形象，发式作剃发型和逆发型，体格健硕，斜拧身，叉腰，出胯相对，具有北方少数民族特色。

石窟中第7窟拱门弧面上的"飞天"形象，挺胸跃起，腿部动作与今天舞蹈姿态中的后双飞燕有相似之处。

石窟中第8窟都是北魏孝文帝推行汉化以后逐渐开凿的石窟，其中"飞天"的舞姿造型既有北方民族的健美昂扬，也有柔婉婀娜的汉装。

石窟中第9窟前室石壁雕刻在门框中的两个坐姿人物，一手扶脑后，一手高扬，神情开朗明快，再加上他们身穿的条纹服饰，简直是新疆民间舞常用动作的再现。这组雕刻原本是描绘《睒子本生》行孝故事连环画中的一幅。而人物的姿态却有浓厚的新疆民间舞风。

石窟中第9窟前室北壁明窗两侧雕五层直檐方塔，每层各有一对逆发型舞者，或托掌吸腿，或回首反击，姿态劲健古拙，皆为杀缚之势，弯曲的肢体略含僵意。"飞天"造型是云冈舞蹈艺术的升华，也是人间舞姿的艺术再现。石窟中所见双飞燕、吸腿跳、倒踢等动作至今仍用于戏曲舞蹈和民间舞蹈中。

石窟中第9窟前室北壁西侧盝形龛楣格内，一"飞天"手姿呈捧托式，右腿向后扬起。值得一提的是，该窟后室明窗顶部，八躯"飞天"环绕一覆瓣团莲。其中，四躯表现为逆发型，体格彪悍，一手叉腰，一手托莲，倒踢腿，充满阳刚之气，属北方少数民族男性劲舞；另四躯表现为高发髻，身材柔婉，态势悠逸，属汉族女性软舞。这是北魏时期各民族乐舞艺术大融合的真实写照。

石窟中第9窟后室南壁门楣内一"飞天"，右腿朝后曲掖，飘逸洒脱，这都是云冈石窟常见舞姿之一。"飞天"舞伎多以飘动的帔帛来表现力量、速度和情感，类似飘带舞，间或有托莲花或持璎珞者。

石窟中第9窟前室宣传孝道的《睒子本生》故事的连环画面中，两个在圆形门洞中的人物，一手抚脑后，一手臂前曲压腕，着条纹服饰。"昙曜五窟"中还有在大佛旁双手捧着花绳的供养伎乐。至今在新疆民间歌舞集会"麦西来甫"中还有花绳舞传承。

石窟中第 10 窟前室窟壁上部的一组"飞天"群，或双手捧莲花举过头顶，或斜身回头坐云端的姿态，与古典舞蹈动作的吸腿跳十分接近。

通过石窟中第 10 窟的石刻力士，我们仍可追寻当年《力士舞》的形象和风貌。这些力士是石窟的守护神，是佛的卫士和侍从。他们或托起巨石，支撑石窟，或举起佛座，或立于佛龛两侧。他们瞠目而视，表情凌厉，常做出叉腰姿态，那粗壮健美的体魄，凸起的肌肉，既富于力感，又具舞蹈的美感。从这些力士像中，我们似乎可以窥探到北魏奚康生那气势凌人的《力士舞》的风貌。

石窟中第 12 窟的前室窟顶，在朵朵莲花中，有踮起双脚、双手捧举弹指的舞人，两旁还有击鼓伴奏的药叉伎乐，这也是新疆舞的常用动作。敦煌壁画中也累累出现同样的舞姿造型，至今新疆一带民间舞仍盛行这种舞蹈动作。

石窟中第 12 窟乐队组合中的舞伎多以独舞形象穿插在乐队中。主要的舞蹈特征为舞伎右腿前探，曲臂击掌的舞姿动作。

石窟中第 12 窟前室门楣的乐舞石雕群，在众多乐伎的伴奏下，两边四个舞者，左面二人，一上一下。在上者右手托掌高举，左手叉腰，吸右腿而立，舞姿刚劲。在下者右手托掌，左手扳住曲膝的右腿，这是一个十分标准的"跳门槛"舞姿。这个"跳门槛"技巧有一定难度，要使自己站立的右腿数次向前、向后跳过曲膝右腿的狭小空间。这种技巧仍传承在戏曲艺术中，这些舞姿至今仍是戏曲和中国古典舞的常用动作。

3. 晚期"飞天"的气韵生动

云冈石窟晚期，这一时期乐舞雕刻不拘形式，自由驰骋，变化莫测，更注重乐舞的观赏性，赋予了舞蹈以现实情节。清秀飘逸的造型，气韵生动的表演，使人仿佛置身于艺术的殿堂。

石窟中第 34 窟飘带舞，又称绸舞，是汉民族古老的传统舞蹈，西汉时即已盛行，多见于汉画像砖。云冈石窟中所谓飘带舞，其实表现的是帔帛的舞动。北壁龛楣外"飞天"，神情优雅，帔帛舒缓轻扬，具有丽舞纤纤的柔美。

随着石窟佛教艺术中国化、世俗化的发展进程，云冈晚期开始出现反映民间现实生活的乐舞题材，石窟中第 38 窟北壁幢倒伎乐图中有表演鸟飞、倒挂动作的伎人。值得注意的是，该窟顶部平棋藻井伎乐"飞天"群中，一伎者左手吹指，右手托圆镜供养。

据文献资料记载，不少西域的音乐家、舞蹈家及其音乐流传到平城。北魏灭北燕是 436 年，可见在太武帝太延年间，安国等国的粟特人乐伎已经到达平城。这有许多实物证据可与文献互证，如在北魏前期云冈石窟中，有许多乐者形象手执琵琶、箜篌、横笛、排箫、细腰鼓、羯鼓、钹、筚篥等乐器，就与印度、中亚诸西域国家有关。此外根据考古出土资料看，一些粟特舞蹈也东传过来，如来自粟特的胡腾舞当时已在平城流行。20 世纪 70 年代，大同北魏遗址出土、现藏于山西博物院的一个石砚上面雕刻有几幅图案，雕工精细，其中便有胡腾舞的形象，一男子在跳舞，旁有一男子在弹琵琶伴奏。可以看出，云冈石窟雕像是现实生活直接或间接的反映。云冈乐舞的雕像具有了当时北魏人们激昂洒脱、柔媚多情、绚丽多姿的审美特征。

第三节　云冈石窟中窟顶造型的文化

一、云冈石窟早期窟顶

（一）早期窟顶的概述

1. 早期窟顶的类型与特征

云冈石窟早期是指云冈石窟中的第 16-20 窟及第 19 窟。早期石窟留存可辨雕刻造型的窟顶共有三座，分别为第 18 窟、第 19 窟、第 16 窟，这三座石窟全部为椭圆形平面的大像窟。早期窟顶类型单一，遗留的三座窟顶类型属于 Aa 型穹窿顶，这类窟顶的特征为：

（1）存在于椭圆形平面的大像窟中，顶部平面形状为椭圆形。

（2）窟顶雕刻图案由延伸至顶部中间的主像背光与背光两侧的"飞天"形象组成，穹窿顶下雕刻一圈锯齿纹。根据窟顶现在保存状况来看，尚未发现"飞天"造型之外的其他造型。

2. 早期窟顶的雕刻造型

早期三座窟顶上仅有"飞天"造型。梁思成、林徽因、刘敦桢三人合著的《云冈石窟中所表现的北魏建筑》一文中明确提出云冈石窟的"飞天"造型有着印度佛教艺术与汉代石刻两种源头。

美国佛利尔美术馆收藏的公元前 2 世纪古印度早期佛教石刻壁画上雕刻的"飞天"形象为颈部戴项圈，裸露上身，右手上举、持物，披帔帛，双腿后屈，跣足，面容饱满。除去头饰之外，这种"飞天"的飞行姿态、服饰动作与早期新疆、敦煌、平城等地区的"飞天"并无太大差别。

印度"飞天"造型在经由西域传入中国之后与当地文化结合，构成了汉式"飞天"。例如，炳灵寺石窟第169窟中的"飞天"形象，有头光、梳高髻、束发带、着耳珰、披帔帛、下身着长裙、跣足。这种形象在发型、容貌上对印度"飞天"进行了汉化，与云冈石窟早期、中期的"飞天"形象较为吻合。

云冈石窟早期三座窟顶中仅第19窟顶的"飞天"造型较为完整，其余两窟造型残缺，但能够从石窟四壁找到完整的同造型"飞天"。

第18窟顶部保存一尊梳花式高髻"飞天"的头部及一身"飞天"的帔帛。第18窟内"飞天"造型皆为梳花式高髻、双腿后屈将身体折成"U"、双手合十、跣足，推测窟顶"飞天"造型应为头梳花式高髻、有头光、裸上身或斜披络腋、着长裙、跣足、双腿后屈。

第19窟顶部保存一身较完整的"飞天"，该身"飞天"梳花式高髻，有头光，披帔帛、斜披络腋，左手持物，右手置于胸前，下身未雕刻出，但从剩余几身残存"飞天"轮廓可见下身轮廓较为舒展，身体未凹成深"U"形状，跣足。

结合第19-1窟、第18窟、第16窟石窟四壁与窟顶雕刻的"飞天"形象可以看出，早期窟顶的"飞天"造型共同特点是双腿向后屈，形成一种飞在空中的姿势，上身、双足赤裸，面容饱满，体型结实，姿态较为僵硬，雕刻突出身体肌肉感，与中期第7、8窟窟顶"飞天"造型相近。

云冈石窟早期窟顶雕刻的"飞天"造型在形态上与中期石窟中"飞天"相近，但在排布方式上相去甚远。第7、8窟窟顶的"飞天"大多成对出现，单人的"飞天"也往往会在另一边出现对称的一身"飞天"。而从第19窟窟顶留存的几身"飞天"残像来看，早期窟顶的"飞天"并不存在成对出现的情况，甚至出现了一身"飞天"造型叠压另一身"飞天"。这种情况可能出于造型考虑，也可能是后期补雕时出现的打破情况，显示了早期窟顶雕刻造型尚未成熟、成体系，尚在探索阶段。

（二）早期窟顶的来源

穹窿顶建筑形制在石窟中较早出现。巴米扬石窟中就出现了三种穹窿顶形制。第一种，壁面四周折成平顶，中间向上凸起呈圆形；第二种，四壁与穹窿间用八间体小壁连接；第三种，尖角拱，数层圆拱分段重叠于四隅凹处。这些穹窿顶形制传入中国后被一些石窟建筑所采用，如新疆龟兹石窟中出现的穹窿顶类型就与巴米扬石窟第一种穹窿顶一致。但以上三种穹窿顶形制皆未出现在云冈石窟中，因此，云冈石窟穹窿顶来源还应该从国内建筑形制溯源。

穹窿顶在国内最早见于汉代墓葬。汉代崖墓（如河北满城西汉一号、二号崖墓）顶部大多为无雕刻造型或雕刻造型不存的穹窿顶，这类穹窿顶所在的石室顶部形制与云冈石窟穹窿顶顶部较为相似，但地面平面形状为方形，与云冈石窟穹窿顶大像窟的马蹄形平面形制不相符。因此相较于墓葬，云冈石窟穹窿顶的来源更可能来自地面建筑。

早期穹窿顶所在的几座大像窟是云冈石窟开凿最早的一批石窟，其年代不晚于公元 460 年。国内目前发现开凿年代早于云冈石窟的石窟如克孜尔石窟、天梯山石窟，这些石窟的大像窟内部一般为券顶中心柱式或为券顶门洞式，佛像居中而立，与云冈石窟大像依北壁而凿、平面椭圆、穹窿顶的形制明显不同。宿白认为云冈石窟新出现的石窟建筑造型为"云冈模式"。

"云冈模式"的开创不仅受昙曜等高僧工匠影响，同时也深受支持云冈石窟开凿的北魏皇室影响。鲜卑祖先发祥地凿有"石室"，从史书上来看，鲜卑文化中较早就出现了"凿石为庙"的传统。

"真君四年"是北魏世祖拓跋焘在位时的年号，为公元 443 年，说明在云冈石窟开凿之前，北魏就已经有"凿石为庙"的意识，那么云冈石窟的石窟形制来源于鲜卑族自身或许更具有说服力。

除去形状之外，云冈石窟中一些细节也能佐证"云冈石窟早期穹窿顶形制源自鲜卑族"的观点。云冈石窟窟顶与四壁相交处有一种"穿线纹带"，反映了当时毡帐中的装饰，有学者认为这种"穿线纹带"体现了鲜卑人毡帐顶部与四壁连接的技术。"穿线纹带"是指在一个长条形带上相等间隔规律地排布一些小长方形（类似于缝纫技术中的回针绣），这种纹带广泛存在于云冈石窟早、中期窟顶与四壁上的锯齿纹之间。第9窟、第10窟前室东西壁上雕刻的木结构房屋建筑上可以看到这种"穿线纹带"出现在额枋位置，说明无论是出现在毡布还是木建筑上，"穿线纹带"在当时都应是一种固定出现在顶部的纹样，负责连接顶部与四壁。

云冈石窟早期穹窿顶毫无疑问是受当时北魏皇室影响而产生的新的形制，是在西来佛教建筑形式的基础上，结合平城地区木结构建筑因素以及鲜卑族自身文化因素而形成的新的窟顶形制。

（三）早期窟顶的象征意义

云冈石窟早期窟顶具有一定的原始性，在象征意义上较中、晚期略为淳朴，所以在分析其意义时更多考虑其本身造型。汉化寺院会将佛、菩萨所在的天顶即天花板塑造成宝盖。云冈石窟早期平面形状较圆，窟顶四壁雕刻的锯齿帷幕纹与同期石窟中佛像顶部宝盖的盖裙相一致，而其顶部雕刻有数量众多的"飞天"，这与佛经中所描写的宝盖"无所不包、无所不有"相一致。因此，早期窟顶应是象征佛像天顶的宝盖。

云冈石窟早期窟顶并非作为普通建筑顶部看待来雕刻天相图，而是作为宝盖雕刻，不仅在造型上有了新的创造，也奠定了之后顶部雕刻的基本造型基础。

云冈石窟早期的穹窿顶形制具有开创性，但是之后的石窟中仅有中期石窟中第13窟、第5窟继承了这一形制。早期窟顶是云冈石窟探索初期的成果，其意义远远大于雕刻本身的艺术价值。

二、云冈石窟中期窟顶

这一时期的石窟窟顶类型包括平棋藻井顶、穹窿顶、平棋顶三种类型，所在石窟有佛殿窟、大像窟、中心塔柱窟三种。

（一）中期平棋藻井顶的概述

平棋藻井顶是云冈石窟中期营造的石窟中最先出现的窟顶形制，同时也是新创造的窟顶形制。

1. 中期平棋藻井顶的类型与特征

中期属于平棋藻井顶的石窟窟顶包括第7窟后室、第8窟后室、第9窟前室、第9窟后室、第10窟前室、第12窟前室窟顶。第7、8窟窟顶属于A型平棋藻井顶，其特征为：①分布在"吕"字形前后室佛殿窟的后室，顶部平面呈标准的长方形，四壁与窟顶垂直；②雕刻图案为标准的"平棋格—藻井"组合。整个长方形平面被一横二纵的平棋支条分为六格平棋格，格内雕刻向上凸进的斗四藻井，在支条交点处雕刻团莲图案，支条上与藻井内雕刻有成对"飞天"。

第9、10窟前室窟顶属于Ba型平棋藻井顶，其特征为：①分布在"吕"字形前后室石窟的前室，石窟四壁逐渐向上收拢为一个小长方形，壁面与顶部之间有一定弧度，东西壁弧度略大，南北壁与顶部较为垂直，东西壁距离顶部四分之一处雕刻屋顶图案以区分顶部与墙壁空间；②窟顶雕刻的一横二纵三道平棋枋将窟顶分为中心的平棋藻井与两侧的平顶部分。两根纵向平棋枋之间与横向平棋枋形成了两格平棋格，雕刻4个藻井，形成"平棋—藻井"组合，平棋枋上雕刻"飞天"形象；横向平棋枋延伸至东西两侧墙壁，纵向平棋枋外侧的空间与东西两侧石壁形成的这两部分平顶上雕刻"飞天"与团莲图案；南北走向的平棋枋枋身两侧雕刻庞大的八身虚空夜叉。

第12窟前室属于Bb型平棋藻井顶，其特征为：①分布在"吕"字形前后室佛殿窟的前室，石窟四壁逐渐向上收拢为一个小长方形，壁面与顶部之间有一定弧度，东西壁弧度略大，南北壁与顶部较为垂直，东西南三壁距离顶部四分之一处雕刻立佛像，佛像上部雕刻有"飞天"，"飞天"之上才是窟顶部分；②窟顶雕刻一横三纵平棋枋，全部集中在顶部方形平面内，将顶部分割成规整的八格平棋格，格内雕刻斗四藻井，平棋支条交点雕刻团莲，支条与井壁上雕刻成对"飞天"，顶部下端雕刻的立佛像之间雕刻巨大的虚空夜叉，连接石窟壁面与顶部平棋枋的端点。

第12窟前室窟顶、第9窟后室属于C型平棋藻井顶，其特征为：①分布在"吕"字形前后室石窟后室，后室为大像窟。顶部为长方形平面，但大像头部的宝盖占据了顶部部分空间，使得窟顶呈现"【"形平面；②窟顶为方形平棋格与梯形平棋格组合，中间位置雕刻四格斗四藻井，平棋支条将剩余空间划分为一个等腰梯形与两个形状大小一致的梯形。这些大的梯形内又雕刻了若干小的雕刻天人的梯形、方形平棋格。支条上雕刻成组的"飞天"。

2. 中期平棋藻井顶的雕刻造型

平棋藻井顶顶部规模宏大，风格绚丽，雕刻造型受犍陀罗影响较深，主要雕刻"飞天"、团莲、虚空夜叉、护法天众造型。

（1）团莲。莲花在佛教中被认为是佛教净土的象征。中期平棋藻井顶上始见团莲图案。这一时期的团莲花心硕大，花瓣肥硕，团莲图案除了在斗四藻井内作为井心外，还在顶部平棋枋相交处作为交点出现。此外团莲图案与"飞天"形成固定的"飞天舞团莲"图案出现在窟顶。

平棋藻井顶上主要有宝装单层团莲（第7、8窟窟顶）、单层团莲（第7窟，第9、10窟前室，第12窟前室窟顶）、双层团莲（第12窟前室窟顶）三种团莲造型。其中，单层团莲中出现了一种中心凸出式的高浮雕单层团莲，是云冈石窟中较为独特的一种团莲造型。这种团莲仅出现在第9、10窟前室窟顶，其将开未开的雕刻造型如莲花之开合，莲花的开合符合了人们对生命复活的想象，象征佛教的涅槃思想。

（2）"飞天"。平棋藻井顶"飞天"形象与早期穹窿顶"飞天"形象相比线条雕刻流畅，装饰更加华丽，姿态丰富，除双腿后屈的姿态之外，还出现了一腿前屈一腿后屈、站立、奔跑等姿态，发型出现了逆发、"几"字发、卷发，面容增加了胡貌、童子貌。出现在中期平棋藻井顶上的"飞天"共有三种大类型，第一种普通"飞天"，主要分布在平棋枋上；第二种为虚空夜叉，主要在 B 型顶中连接四壁与窟顶；第三种为护法天人，主要雕刻在平棋格内。Ba 型平棋藻井顶上还出现了释迦太子像。

A 型平棋藻井顶上的"飞天"成对出现，面容丰满，有头光，梳花式高髻或高髻，佩戴腕镯、臂钏、耳珰，披帔帛，或手中持物，或结手印，跣足，上身穿挎十字交叉细带或斜披络腋，下身都着羊肠大裙，有飞行姿态与站立姿态两种。这种"飞天"造型同时也出现在 Bb 型平棋藻井顶上。

Ba 型平棋藻井顶上的"飞天"分化出三种造型，一是头梳短发、逆发或卷发的童子貌"飞天"，上身斜披络腋，下穿短裙，一般双手托举莲花出现；二是"飞天"头梳花式高髻、面相清秀，上身斜披络腋，下身穿羊肠大裙，形象造型延续第 7、8 窟"飞天"造型，身姿上更加窈窕，这种"飞天"同时也在 C 型平棋藻井顶分布，两者均饰圆形头光，佩戴桃尖形项圈、臂钏、腕镯，披帔帛，跣足，动作富含舞蹈的韵律；三是"飞天"主要在藻井四角作装饰用，身体构图为三角形构图，衣饰简单，梳高髻、有头光，斜披络腋，着长裙，跣足，披帔帛。

Bb 型平棋藻井顶上新出现了面容肖似夜叉的"飞天"，这些"飞天"主要在平棋枋面上分布，均为胡貌，梳逆发、卷发、"几"字发型，有头光，上身赤裸或斜披络腋，下身着短裤或长裤，佩戴桃尖状项圈、臂钏、腕镯，披帔帛，跣足。

Ba 型与 Bb 型平棋藻井顶顶部与四壁之间出现了虚空夜叉造型。Ba 型顶上的天夜叉都是托顶夜叉，脚踏壁面，手托窟顶平棋枋，面相丰圆，裸上身，下着短裤，耳上佩戴大耳环，颈部佩戴桃尖形项圈，手臂戴钏、镯，胸、腹及臀部硕大，体态健壮；Bb 型顶上的夜叉均为伎乐夜叉，凌空雕刻在顶部与四壁之间，为伎乐天形象，包括竽篥伎、琵琶伎、弹指伎、腰鼓伎、鼓伎、埙伎，皆为胡貌，有头光，戴项圈，佩戴臂钏、腕镯，裸上身，下着短裤，跣足。发型或逆发，或头顶"几"字形卷发自然搭于前额，或头发中分。这种频繁出现在中期平棋藻井顶上的"几"字发型是鲜卑族"索头辫发"的体现。

C型平棋藻井顶出现了不具名的天人。这类型天人为护法形象，头顶束髻，面相丰圆，颈戴项圈，佩臂钏、腕镯，有头光，披帔帛，上身斜披络腋，肚腩凸出。

中期平棋藻井顶上"飞天"造型丰富、数量众多，职能划分较细，生动表现了十方世界中天人、夜叉形象，是佛国世界的体现。

（二）中期平棋顶的概述

云冈石窟的平棋顶也是中期新出现的窟顶类型，主要分布在大像窟和塔庙窟中。

1. 中期平棋顶的类型与特征

中期平棋顶主要包括第10窟后室、第12窟后室、第11窟、第6窟、第3窟弥勒石窟顶。

第10窟后室为Aa型平棋顶Ⅰ式。其特征为：①所在石窟为"吕"字形前后室石窟的后室大像窟，顶部平面为长方形平面，与主像的盝形龛相接，其东西两壁与顶部相交的方式为拱形向上连接，形式与平棋藻井顶中第9、10窟前室的连接方式一致；②窟顶保存状况较差，仅能辨认一格方形平棋格与两格梯形平棋格。格内雕刻护法天人，平棋支条上有"飞天"造型。

第12窟后室为Aa型平棋顶Ⅱ式。其特征为：①所在石窟为"吕"字形前后室佛殿窟的后室，顶部平面为长方形平面，顶部与四壁垂直相交，与北壁佛龛相接；②窟顶由四格梯形平棋格与三格长方形平棋格组成，格内雕刻护法天人，支条上雕刻"飞天"造型。

第11窟窟顶为Ba型平棋顶。其特征为：①所在石窟为塔庙窟，平面为方形，中间有中心塔柱；②窟顶被对角相交的两根支条与中心塔柱分为四个部分，每个部分为相似的梯形。每格梯形格内雕刻二龙交缠图案，表现八大龙王共赴法会的场景。

第 11 窟窟顶、第 6 窟窟顶为 Bb 型Ⅰ式平棋顶。其特征为：①所在石窟为塔庙窟，平面为方形，中间有中心塔柱；②窟顶被对角相交的两根支条与中心塔柱分为四个梯形，梯形内又雕刻数量不等的方形平棋格与梯形平棋格，格内雕刻护法天人。

第 3 窟弥勒石窟顶为 Ab 型平棋顶。其特征为：①所在石窟为佛殿窟，平面为长方形，顶部与北壁佛龛相接；②窟顶为被一横三纵四根平棋枋划分为八格平棋格，雕刻造型已不存。从其平棋格的进深来看，内部雕刻有藻井的可能性更大。不过由于其仅剩平棋格，故而划归平棋顶内。

2. 中期平棋顶的雕刻造型

中期平棋顶新出现护法天众雕刻造型，即八部护法。八部护法的定义为佛教护法形象。为天、龙、夜叉、阿修罗、乾闼婆、紧那罗、迦楼罗、摩呼罗伽等。中期平棋顶上主要雕刻有天（主要指鸠摩罗天和摩醯首罗天）、龙、阿修罗三种形象；虽然中期平棋顶上雕刻有"飞天"造型，但是这些"飞天"并未明确表现出乾闼婆或紧那罗的特征，故此处作普通"飞天"看待；中期平棋顶上基本没有出现团莲造型，在此不做叙述。

中期平棋顶中 Aa 型平棋顶所在石窟皆为佛殿窟，平面为长方形，窟顶雕刻造型新出现了梯形平棋格，在平棋格内、平棋枋上雕刻天人、"飞天"造型。第 10 窟后室窟顶（Aa 型Ⅰ式平棋顶）顶部雕刻造型保存状况差，在石窟南壁与窟顶交界处残留的部分"飞天"、天人形象与第 9 窟后室窟顶（C 型平棋藻井顶）"飞天"、天人造型基本一致。第 12 窟后室窟顶（Aa 型Ⅱ式平棋顶）的"飞天"与前室窟顶"飞天"风格趋于一致，虽然不是夜叉相，但神态造型较为紧凑，与其他窟顶中舒展、优雅的"飞天"形象有较大出入。

第 12 窟后室窟顶（Aa 型Ⅱ式平棋顶）上除"飞天"形象外还雕刻有阿修罗、鸠摩罗天和摩醯首罗天。窟顶平棋格内为阿修罗坐像，三头四臂，干首戴冠，侧首仅雕头形，上身斜披络腋，下着长裙，四手分别执日、月、弓、杵；鸠摩罗天也为坐像。

中期平棋顶中 Ba 型与 Bb 型为塔庙窟，象征须弥山的中心塔柱在石窟正中连接窟顶与地面，这种形制的石窟窟顶的雕刻造型围绕中心塔柱展开。第 11 窟窟顶（Ba 型平棋顶）平面平坦，由四条支条将窟顶均分为四个大型梯形平棋格，格内雕八身交龙，表现八大龙王共赴法会。

第 6 窟窟顶（Bb 型 I 式平棋顶）上雕刻主题为诸天仆乘。顶部的 32 格平棋格内雕刻了形象不一的骑乘动物的天人形象，其中包括孔雀、狮子、虎、鸟、雁、马、牛、狐、狗等动物形象。这些天人的造型与 Aa 型 II 式中的护法天人造型一致，但第 6 窟窟顶唯一一身"飞天"与之前出现的"飞天"形象完全不同，无头光，穿对襟上衣、长裙，不露脚，具备晚期"飞天"形象的特征。由此可得出结论，第 6 窟窟顶造型处于云冈石窟窟顶中期向晚期过渡期。

由上可以看出，第 10 窟、第 12 窟后室窟顶虽然属于平棋顶，但是其雕刻造型仍与属于平棋藻井顶的前室雕刻造型风格相统一。第 12 窟的雕刻造型风格与第 7、8 窟，第 9、10 窟两组双窟有较为明显的区别，而第 7、8 窟与第 9、10 窟的雕刻造型也存在风格之外的区别，后两者的"飞天"造型不拘泥于表现"乾闼婆"与"紧那罗"，"飞天"类型丰富多样，从成对"飞天"变为单人舞蹈"飞天"，其与团莲间的关系更为紧密。此外，与平棋藻井顶相比，平棋顶在平棋格形状之上也做了创新，并逐渐将藻井放在次要位置，着重展现佛国天宫的自在。第 12 窟在第 9、10 窟的基础上对窟顶雕刻造型风格作出了新尝试，"飞天"的形象加入了胡貌、夜叉貌，"飞天"不仅仅诠释美丽、优雅，即便形象丑陋，也可作为"飞天"形象飞翔在佛国天宫之中。同时，第 12 窟窟顶的伎乐天夜叉不仅能够护卫佛，还能够作伎乐供养，这体现了一种众生平等的理念。

（三）中期穹窿顶的概述

1. 中期穹窿顶的类型与特征

第 13 窟窟顶为 Ab 型 I 式穹窿顶。其特征为：①所在石窟为平面椭圆形的大像窟，窟顶平面形状外宽内窄；②主像背光延伸至窟顶，顶部与背光之间夹背光光云。窟顶雕刻一对蛟龙，其间雕饰卷云纹，"飞天"附着于卷云纹之上。

第 5 窟窟顶为 Ab 型 II 式穹窿顶。其特征为：①所在石窟为平面椭圆形的大像窟，窟顶平面形状外窄内宽；②主像背光延伸至窟顶，雕刻造型保存较差，仅能见 8 身伎乐天。

2. 中期穹窿顶的雕刻造型

中期穹窿顶第 13 窟窟顶"飞天"造型可看作中期"飞天"向晚期"飞天"的过渡阶段。这一类型的"飞天"身形较之前出现的"飞天"来讲体型精瘦，姿态舒展，雕刻线条流畅。如顶部西南隅二身"飞天"，梳花式高髻，有头光，下半身藏于卷云纹之间，着络腋长裙，披帔帛，佩戴有臂钏、腕镯，手中持物。"飞天"下身隐藏在云纹之中，突出龙的形象，使用藏在流云之中的"飞天"烘托飞龙在天的氛围，同时这种"'飞天'—云纹"组合也能视作云纹化生"飞天"，表达佛法之精妙，能于无物中生出天人。

仙人—龙—云的构图在汉代石刻中常出现，是汉代开始的画像石、画像砖墓中常见的雕刻图样，代表升仙思想，是人们对死后世界的一种想象。这种对另一个世界的想象在云冈石窟中与佛教进行结合，汉式仙人变成了手中持物的供养天，传统的龙的形象与佛教中的八部众之一的龙相结合，装饰以云纹用来表现龙腾于天空的形象，是云冈石窟中期对佛国天宫的想象。

中期穹窿顶第 5 窟窟顶的"飞天"造型保存状况较差，但能看出其造型上并无头光，上身着对襟小襦，下身为鱼尾裙，身形与晚期穹窿顶上雕刻的"飞天"造型更为接近。这种情况应当与云冈石窟开凿进程受到当时政治影响相联系，属于太和改制之后的雕刻造型。

从现有的图像资料来看，第 5 窟窟顶除 "飞天" 造型之外并未出现团莲、龙纹，其主要雕刻对象与早期穹窿顶相一致，也着意将窟顶塑造成宝盖。

（四）中期平顶的概述

（1）中期平顶的类型与特征。第 1、2 窟均为 A 型平顶。其特征为：①所在石窟为塔庙窟，平面为长方形，中间有中心塔柱；②窟顶最外侧靠近南壁处雕刻莲子团莲，团莲北侧雕刻 "飞天"，中心塔柱南侧雕刻二身交龙，围绕中心塔柱雕刻 "飞天"。

（2）中期平顶的雕刻造型。中期平顶上雕刻有莲子团莲、交龙、"飞天"。中期平顶为 A 型平顶中的第 1、2 窟窟顶，其顶部雕刻的 "飞天" 有头光，面容饱满，披帔帛，上身斜披络腋，下身着裙，跣足，为典型的中期风格。

中期的莲子团莲与其他类型窟顶上团莲分布的位置皆不一样。平棋藻井顶、平棋顶内团莲图案一般在藻井井心、支条交点或与 "飞天" 组成 "飞天舞团莲" 图案，而平顶上的团莲图案分布在窟门处的顶部，独自并列成为一排，位置摆放较为自由，这影响了之后团莲图案在窟顶的分布位置与面积占比，晚期窟顶中团莲图案真正占据主流。

（五）中期窟顶的来源

中期石窟窟顶新发展出了平棋藻井顶、平棋顶、平顶三种形制。中期的穹窿顶是在早期穹窿顶的基础上发展起来的，虽然顶部平面形状趋向方形，但其石窟进深、高度、宽度都相似，皆属于椭圆平面的大像窟窟顶，在本质上还是同一种窟顶。

1. 平棋顶和平棋藻井顶

云冈石窟中平棋顶与平棋藻井顶出现于同一时期。中期最早开凿的第 7、8 窟窟顶出现了平棋格与斗四藻井相结合的窟顶形制，称为平棋藻井顶。之后中期窟顶出现了仅有平棋格而无斗四藻井的窟顶，称为平棋顶。

对于斗四藻井的来源，大多数学者都认同其 "西来" 之说，认为套斗式藻井最早出现在中亚，经由新疆传至中原，被汉式宫殿、寺庙建筑所采用，并最终形成了佛教常见的藻井形制。套斗式藻井广泛见于龟兹石窟、敦煌石窟群中，与之相适应的是顶部为覆斗形的石窟。配置套斗式藻井的覆斗顶在龟兹石窟、凉州石窟中占据主流地位，但在云冈石窟中却始终没有出现。

云冈石窟的宫殿式石窟开凿与当时平城皇宫建设的进展相呼应，云冈石窟窟顶藻井形制受木结构宫殿、寺庙建筑影响更多，在形制上更多参考本土的案例。国内关于藻井的记载最早出现在汉代，诸多诗赋中都提到了藻井。汉代地面建筑如今已不存在木结构藻井实例，无法考证其是否传承中亚藻井之形制抑或发源自本地，但存留在汉代墓葬中的石刻、彩绘藻井可视作还原地面建筑藻井的重要参考。

山东沂南县古画像石墓主墓室顶部与新密市打虎亭 2 号汉墓中室甬道顶部存留的藻井为汉代典型的"平棋—藻井"组合。这种藻井一般分布在长方形平面内，为诸多平棋格并列分布。这里藻井有两种形制，一种为斗四藻井；一种为莲花藻井，莲花图案为典型的汉式四方八瓣式莲花纹。

汉墓中平顶上的"平棋—藻井"组合对石窟窟顶造型的影响体现在莫高窟第 268 窟上。莫高窟第 268 窟窟顶年代略早于云冈石窟，顶部为长方形平面，平面上平行雕刻平棋格，格内雕刻井心为莲花的斗四藻井。但这种造型为孤例，仅仅出现在这一座石窟中。

平棋藻井除了出现在龟兹石窟、凉州石窟中的覆斗顶、平顶上之外，还出现在塔庙窟的中心塔柱四周以及人字坡、盝形顶之上，但云冈石窟并未出现这些形制，故而此处只列举几座塔庙窟中围绕中心塔柱而雕刻的平棋藻井图案。塔庙窟中心塔柱四周平棋藻井的排列方式称为"口"字形连续排列，并行排列的样式与汉代墓室顶部平棋藻井一致，但是图案已经发展出规范的模式，每一个平棋格内雕刻平棋藻井，并以各种图案装饰四角部分。

例如，龟兹石窟中的柏孜克里克石窟第 18 窟即围绕中心塔柱而雕刻的平棋—藻井图案，不过仅保存后甬道顶部的一部分。柏孜克里克石窟第18窟年代在5—6世纪，雕刻略晚于云冈石窟，属于中心塔柱窟，后甬道顶部雕刻了连续三格平棋格，内雕刻井心为莲花的斗四藻井；敦煌莫高窟第254窟、第257窟、第260窟等窟皆为围绕中心塔柱四周连续排布的平棋藻井。

云冈石窟中的"平棋—藻井"组合采取了以上莲花与斗四藻井的组合形式，藻井内的装饰也受其影响。但其"口"字形排列方式在云冈石窟中并未出现。中期前段出现的藻井为两排三列或两排四列排布，到中期后段，藻井在窟顶面积占比逐渐减小，雕刻天人形象的梯形平棋格成为平棋顶的主要雕刻对象，使得平棋顶取代平棋藻井顶成为云冈石窟中期后段的主要窟顶形制。

云冈石窟的平棋顶与平棋藻井顶采中西石窟建筑窟顶雕刻造型之长，形成自身独特的"平棋—藻井"组合与平棋格排布方式。

2. 平顶

平顶是云冈石窟中期新出现的窟顶形制，主要出现在第1、2窟窟顶。第1、2窟为塔庙窟，即中心竖立连接窟顶与地面塔柱的石窟。

中心塔柱窟的起源为印度支提窟，其在传入西域后逐渐确立了连接窟顶、地面的方形柱体造型。中心塔柱窟往往与平顶相结合，在龟兹石窟、敦煌石窟中较为常见，不过敦煌石窟的平顶往往围绕中心塔柱雕刻平棋、平棋藻井图案。马蹄寺千佛洞第1、2窟及天梯山第1窟的中心塔柱窟与云冈石窟平棋顶所在的中心塔柱窟平面形状形同，都是围绕中心塔柱呈现"回"字形布局。而云冈石窟的中心塔柱窟除平棋图案外还有较为简单的平顶图案，这种平顶并不以中心塔柱为中心。

中期平顶分布的第1、2窟在形制上与中期平棋顶稍有不同，虽然为长方形平面，但是窟顶面积大大缩小，其南北进深比东西宽度要宽，中心塔柱较细，位置不在石窟中心而是靠近里侧，雕刻图案集中在窟门至塔柱南侧这一部分。与第11窟、第6窟相比，其石窟内布局并非十字对称，仅仅为东西对称，雕刻重心在南部。

云冈石窟的平顶是石窟开凿的衰退期出现的一种窟顶新形制。

（六）中期窟顶的象征意义

云冈石窟中期除穹窿顶之外，窟顶新发展出三种形制，这三种新的窟顶是伴随新石窟形制而出现的。"吕"字形前后室石窟中全部采用平棋藻井顶与平棋顶，其中，平棋藻井顶多分布在前室，平棋顶多分布在后室。中心塔柱窟中有平棋顶、平顶两种形制。

中期的穹窿顶不仅在形制上承袭早期的穹窿顶，在窟顶象征意义上也基本与早期窟顶相似。顶部造型塑造为宝盖形象，虽然窟顶雕刻造型较前期丰富，但基本内容依旧为佛陀幻化出的宝盖中所现的三千世界，龙王、乾闼婆与紧那罗都在其中。

莲花在佛教中是佛国净土的象征，中期平棋藻井顶的象征意义已经由具象化的宝盖变成了抽象化的佛国天宫。在第9、10窟前室，石窟东西北三壁雕刻有屋顶造型，屋顶之上为天空，东西两壁上的天空中飞舞着舞蹈姿态的"飞天"以及手托团莲的"飞天"。而在天空之上、窟顶正中，又有规整的平棋格藻井雕刻于其上，这种木结构宫殿顶部用的造型出现在这里，代表天空之上的佛国天宫。

中期的平棋顶所在的石窟主要有两种石窟形制，一种是"吕"字形前后室佛殿窟，另一种为中心塔柱窟。这一时期顶部雕刻造型几乎没有出现团莲图案，顶部雕刻内容单一，为护法造型。佛殿窟内的护法造型为普通的护法天人，中心塔柱窟中为代表须弥山外三十三天中的护法天人。护法天人全部都朝向主像、中心塔柱，体现了其向心性。中期的平顶所在的第1、2窟同样也是中心塔柱窟，中心塔柱为须弥山，窟顶二身龙王围绕中心塔柱而雕刻，"飞天"环绕四周，虽雕刻团莲，但整个窟顶中心在须弥山四周。

第6窟象征须弥山的中心塔柱延伸至石窟外部的顶部，雕凿有第6-11窟。佛经关于须弥山的宇宙观中描述须弥山周共有三十三天，其中帝释天处在须弥山顶。第 6 窟窟顶共有 32 格平棋格，每格内雕刻一身护法天众，而在须弥山顶的帝释天则被具象化表现为第 6-11 窟。

这一期的石窟窟顶虽有宝盖、宫殿顶部、须弥山周多重象征，但总的来说，雕刻造型突出体现了护法思想，窟顶表现为佛教中所认为的的西方净土。

云冈石窟中期是窟顶雕刻造型艺术的巅峰期。这一时期的窟顶数量虽不多，但几乎每个窟顶都发展出了新的艺术。第 7、8 窟一改早期云冈石窟的特点，从马蹄形大像窟转化为"吕"字形前后室石窟，此后佛像或入佛龛或立于北壁之上，表达形式丰富。窟顶的雕刻造型前期规整，随后的第 9、10 窟便趋向灵动、活泼、规模宏大、装饰华丽，让人感受到佛国天宫的壮丽恢宏。之后的第 11、12、13 窟和第 5 窟虽然面积比之前两组双窟有所缩减，但是其雕刻造型却得到了进一步发展，八部护法成为雕刻造型的主体，佛法精妙，降伏八部护法出现在佛国净土。到第 1、2 窟和第 6 窟时，云冈石窟步入发展的晚期，虽然石窟规模、面积有所衰减，但石窟晚期的风格自此基本成型，是云冈石窟雕刻造型承前启后的重要阶段。

三、云冈石窟晚期窟顶

云冈石窟晚期石窟数量众多，以民间雕凿的中小型石窟为主，在规模以及雕刻造型的繁缛程度上都不及中期。东区的晚期石窟主要有第 4 窟，中区晚期石窟为主要石窟的附属龛窟，如第 5-11 等窟，西区全部石窟皆为晚期石窟。

（一）晚期穹窿顶的概述

云冈石窟晚期穹窿顶为 B 型穹窿顶，包括第 5-10 窟、第 11-8 窟、第 12-1 窟、第 12-2 窟、第 13-6 窟、第 13-18 窟、第 13-27 窟、第 13-31 窟、第 13-32 窟、第 23 窟窟顶。

1.晚期穹窿顶的类型与特征

第 5-10 窟、第 13-32 窟窟顶为 Ba 型穹窿顶，其特征为：①所在石窟为方形平面的四壁三龛式石窟，其北壁窟顶之间弧状连接，"飞天"形象跨越窟顶延伸至北壁上，故而将其归入穹窿顶类；②窟顶为方形平面，中心雕刻团莲，主像背光延伸至团莲莲心，两侧对称分布四身"飞天"；③第5-10窟窟顶的团莲造型为外围有二周同心圆式团莲，在云冈石窟窟顶中为孤例。

第11-8窟、第13-27窟窟顶为Bb型Ⅰ式穹窿顶。其特征为：①所在石窟为椭圆形平面；②窟顶面积窄小，主像背光延伸至窟顶中心，背光尖部两侧各雕刻一身"飞天"；③第11-8窟窟顶两身"飞天"共同托举一托盘，托盘上盛水果。窟顶与背光夹角处雕刻日、月。

第12-1窟、第12-2窟窟顶为Bb型Ⅱ式穹窿顶。其特征为：①所在石窟为方形平面；②窟顶面积窄小，主像背光延伸至窟顶中心，背光尖部两侧对称雕刻一身"飞天"。

第13-6窟、第13-18窟窟顶为Be型Ⅰ式穹窿顶。其特征为：①所在石窟为方形平面；②窟顶面积较小，三面石壁上的佛像背光皆延伸至窟顶，主像背光尖部雕刻莲花纹样，"飞天"与团莲为"飞天舞团莲"状；③第13-6窟窟顶为莲花纹，第13-8窟窟顶为团莲。

第13-31窟窟顶为Be型Ⅱ式穹窿顶。其特征为：①所在石窟为方形平面；②窟顶面积较小，三面石壁上的佛像背光皆延伸至窟顶，主像背光尖部两侧雕刻"飞天"，尖部一侧雕刻一朵六瓣莲花纹。

第23窟窟顶为Be型Ⅲ式穹窿顶。其特征为：①所在石窟为长方形平面，北壁雕刻两座主像，石窟内部全部为双数对称，雕刻双主像、东西两壁各一对立佛、六座背光全部延伸至窟顶；②窟顶雕刻双团莲，南北两侧各二身"飞天"共同托举一日，靠近背光东西两侧的"飞天"手托背光。

2.晚期穹窿顶的雕刻造型

背光是晚期穹窿顶雕刻造型所围绕的主体，窟顶部分是佛像背光的延伸。

"飞天"是背光之上雕刻的主要造型，"飞天"姿态受窟顶形状所影响，造型多变。这一时期的"飞天"形象受太和改制影响，换成了褒衣博带式服装，不再裸露上身、双脚。总的来说，造型统一，都是梳汉式发髻、着对襟上襦和鱼尾长裙、披帔帛（第 5-10 窟窟顶"飞天"无帔帛，仅此一例）、不露脚、无头光、秀骨清相、身形修长。具体的细节方面为，飞天的发型有花式高髻、高髻、飞髻之分；上身所穿对襟上襦有宽袖、窄袖，露腹、不露腹的区别；下身鱼尾长裙有弧形弯与波浪形弯的区别，腰间束腰带或不束腰带；"飞天"有手持日月、持乐器、持法器及手托团莲几种造型。

"飞天"造型的改变展现了云冈石窟窟顶造型的灵活、多变。晚期"飞天"的造型大体都呈现"L"形折叠，不同石窟的变化证明窟顶雕刻造型处在风格探索阶段，之后开凿的龙门石窟中窟顶雕刻的"飞天"形象就较为固定，证明这时风格已经成型。

（二）晚期平棋顶的概述

云冈石窟晚期平棋顶为 Bb 型 Ⅱ 式、Be 型、Bd 型、C 型、D 型平棋顶，包括第 5-11 窟、第 11-16 窟、第 15 窟、第 16-1 窟、第 22-1 窟、第 23-1 窟、第 24 窟、第 24-1 窟、第 25 窟、第 26 窟、第 27 窟、第 28 窟、第 29 窟、第 33-1 窟、第 33-3 窟、第 36 窟、第 36-2 窟、第 37 窟、第 38 窟、第 39 窟、第 42-4 窟窟顶。

1. 晚期平棋顶的类型与特征

第 39 窟窟顶为 Bb 型 Ⅱ 式平棋顶。其特征为：①所在石窟为塔柱窟，四根平棋支条将中心塔柱四角与顶部四角相连形成四个梯形区域，区域内雕刻平棋格；②顶部雕刻护法天众。与第 6 窟窟顶形制基本一致，唯一不同的是第 39 窟窟顶平棋格为浅浮雕。

第 15 窟窟顶为 Be 型平棋顶。其特征为：①所在石窟为长方形平面；②顶部两条平棋枋对角线相交将其划分为四个三角形区域，交点部分雕刻一朵团莲，三角形区域内各雕刻一对交龙。支条上雕刻忍冬纹。

第 22-1 窟窟顶为 Bd 型 I 式平棋顶。其特征为：①所在石窟为方形平面；②顶部由 8 格梯形平棋格和中心部分 1 格方形平棋格组成。梯形平棋格内雕刻"飞天"，方形平棋格内雕刻同心圆。

第 27 窟、第 29 窟窟顶为 Bd 型 II 式平棋顶。其特征为：①所在石窟为长方形平面；②顶部由 8 格梯形平棋格和中心部分的 1 格长方形平棋格组成。梯形平棋格内雕刻伎乐天，长方形平棋格内雕刻团莲。

第 5-11 窟窟顶为 Ca 型平棋顶。其特征为：①所在石窟为方形平面，北壁主像背光延伸至顶部中心团莲莲心；②顶部平棋格雕刻应为 12 格平棋格，但被主像背光覆盖，共有 8 格平棋格雕刻伎乐天，中心 1 格平棋格雕刻团莲；③形制为规整 9 格平棋格顶的变体，故归入 Ca 类型。

第 11-16 窟、第 16-1 窟、第 23-1 窟、第 25 窟、第 28 窟窟顶为 Cb 型 I 式平棋顶。其特征为：①所在石窟为方形平面；②顶部雕刻 9 格平棋格。主要雕刻团莲、"飞天"、龙三种造型。

第 24 窟、第 26 窟、第 33-1 窟、第 37 窟、第 42-4 窟窟顶为 Cb 型 II 式平棋顶。其特征为：①所在石窟为方形平面；②顶部雕刻 9 格平棋格，主要雕刻团莲、"飞天"两种造型。

第 24-1 窟窟顶为 Cc 型 I 式平棋顶。其特征为：①所在石窟为方形平面；②顶部雕刻 6 格平棋格。主要雕刻"飞天"、团莲、蟠龙。

第 36-2 窟窟顶为 Cc 型 II 式平棋顶。其特征为：①所在石窟为方形平面；②顶部雕刻 6 格平棋格，主要雕刻伎乐天。

第 38 窟窟顶为 Cd 型平棋顶。其特征为：①所在石窟为长方形平面；②顶部平棋格雕刻 9 格平棋格，平棋格大小不一，中心长方形平棋格内雕刻一朵化生团莲，该莲花雕刻为正反化生出 4 个童子形象的圆形图案，四周雕刻了 4 个骑着龙头兽身粗尾动物的天人形象。在化生团莲的东西两侧还分别雕刻了乘金翅鸟飞行和乘大象飞奔的天人形象，其余平棋格内雕刻伎乐天；③形制为规整 9 格平棋格顶的变体，故归入 Cd 类型。

第 33-3 窟窟顶为 Da 型平棋顶。其特征为：①所在石窟为长方形平面；②顶部雕刻 5 格平棋格，顶部中心为硕大的化生团莲，两侧对称分布 4 格小平棋格，格内雕刻"飞天"。

第 36 窟窟顶为 Db 型平棋顶。其特征为：①所在石窟为长方形平面；②顶部雕刻 3 格平棋格。顶部中心一格为对称分布的两朵团莲，两侧对称分布。

2.晚期平棋顶的雕刻造型

晚期平棋顶分类较多，总体上来讲共有对角线、九宫格、六宫格、团莲中心几种排布方式。雕刻造型主要有龙、团莲、"飞天"。晚期平棋顶雕刻的团莲图案共有 5 种类型——莲子团莲、宝装双层团莲、宝装单层团莲、花盘团莲、化生团莲，其中，化生团莲首次出现在窟顶。

晚期平棋格雕刻以浅浮雕居多，这种风格从第 39 窟就能看出。第 39 窟与中期第 6 窟雕刻造型一致，但第 39 窟的雕刻造型明显没有第 6 窟雕刻向上凹进多，这种情况普遍存在于晚期的石窟中。

云冈石窟晚期平棋顶的雕刻是以平棋格为基准的，平棋格的排布影响着图案造型，以九宫格排列为基础发展出了许多变体，使得晚期的平棋顶造型丰富多样，艺术性极强。晚期平棋顶的雕刻造型遵循对称性、向心性。

（三）晚期平顶的概述

云冈石窟晚期的平顶为 B 型、C 型，包括第 5-3 窟、第 11-5 窟、第 12-4 窟、第 13-17 窟、第 27-2 窟、第 32-11 窟、第 32-15 窟、第 33-4 窟、第 36-3 窟、第 42-2 窟窟顶。

1.晚期平顶的类型与特征

第 4 窟窟顶为 A 型平顶。其特征为：①所在石窟为塔庙窟；②顶部雕刻漫漶不清，仅能辨认团莲。

第 5-3 窟窟顶为 Ba 型平顶。其特征为：①所在石窟为长方形平面；②主像背光延伸至顶部。顶部残损一半，仅能见二身半身"飞天"。

第 13-4 窟东壁南侧第一层石窟窟顶为 Bb 型平顶。其特征为：①所在石窟为长方形平面；②主像背光延伸至顶部，与窟顶中心雕刻的团莲相接，环绕团莲雕刻四身"飞天"。靠近背光两侧的"飞天"，一手扶背光，另一手托日月。

第 11-5 窟窟顶为 Ca 型平顶。其特征为：①所在石窟为方形平面；②顶部仅雕刻二身"飞天"。

第 12-4 窟窟顶第 12-4 窟、第 32-11 窟、第 42-2 窟窟顶为 Cb 型 I 式平顶。其特征为：①所在石窟为方形平面；②顶部雕刻硕大的团莲，"飞天"围绕团莲雕刻。"飞天"体型较小，为团莲的装饰。

第 13-17 窟、第 27-2 窟窟顶为 Cb 型 II 式平顶。其特征为：①所在石窟为方形平面；②顶部雕刻硕大的花盘团莲，团莲凸出。"飞天"围绕团莲雕刻。

第 30 窟、第 32-15 窟、第 36-4 窟窟顶为 Cc 型 I 式平顶。其特征为：①所在石窟为方形平面；②顶部中心雕刻一朵团莲，四周雕刻"飞天"。"飞天"体型较大，团莲仅占据中心位置。

第 33-4 窟窟顶为 Cc 型 II 式平顶。其特征为：①所在石窟为方形平面；②顶部雕刻中心为乳钉的同心圆，四周雕刻"飞天"，但因保存状况不佳仅能辨认一身阮咸伎。

2. 晚期平顶上的雕刻造型

晚期平顶上主要雕刻团莲与"飞天"图案。团莲图案是晚期平顶的雕刻重点，占据窟顶平面大部分空间。在 Cb 型窟顶中，团莲为主要雕刻对象，四周环绕的"飞天"形象相应被缩小，是团莲的附庸。Cc 型窟顶中团莲占比缩小，在窟顶正中，"飞天"体型相应变大，二者相互呼应。

晚期平顶上的雕刻造型主体突出，倒垂的莲花凸出窟顶而存在。这种雕刻风格也影响到了洛阳龙门石窟的窟顶造型。

（四）晚期窟顶的来源

晚期石窟的规模与前期相比发生较大改变，大像窟穹窿顶从云冈石窟消失，取而代之的是小型石窟配置穹窿顶；中心塔柱窟面积变小，中心柱也变细；平棋藻井顶彻底消失，平棋顶与平顶成为晚期主流。这种变化受到北魏孝文帝迁都所影响，失去了皇家财政支持的云冈石窟在后期已无力开凿大型石窟。

晚期窟顶从所在石窟来看，都是方形平面的中小型石窟。晚期石窟构造趋于一致，除去几个椭圆形平面的穹窿顶之外，不同类型的窟顶的来源都同样为方形佛殿窟，当然其窟顶雕刻造型基本承袭中期窟顶形制。

晚期穹窿顶中与四壁有明确界限的窟顶形制承袭中期穹窿顶；与四壁无明显界限的窟顶源自中期的佛龛。晚期平棋顶的造型继承中期平棋顶，与前期相比浅浮雕居多。这种情况出现既是因为晚期的石窟规模不大，不需要提高窟顶的进深来提升石窟宽阔的感觉；也是因为晚期云冈石窟的营造多为民间自发进行，在雕刻造型上无法耗费更多财力与人力，从而出现这种较为简单的造型。晚期平顶除第4窟为中心塔柱窟外都为方形佛殿窟，从雕刻造型布局与形制来看都是晚期新发展出的以团莲为中心的窟顶。

晚期的窟顶雕刻造型都具有对称性、向心性。

晚期的穹窿顶形制影响到了同时期龙门石窟早期营造的石窟（宾阳洞、古阳洞、莲花洞、皇甫公窟等）、陇东石窟中北魏营造的石窟。

（五）晚期窟顶的象征意义

晚期穹窿顶与平顶中存在一种现象，即佛像的背光延伸至顶部中心，这种现象在早期已出现，中期仅穹窿顶沿用。背光是佛像身后的固定雕刻造型，敦煌莫高窟北魏第260窟壁画中对佛像背光的描绘向上延伸至宝盖内，早期穹窿顶即壁画中所描绘造型的立体表现。不过晚期的穹窿顶背光尖部与团莲相接，这种情况是因为晚期的窟顶已不再代表宝盖，晚期的小型石窟无论是在规模还是形制上都与早中期穹窿顶相去甚远，其造型反而更接近中期石窟内的普通佛龛。所以可以将晚期的穹窿顶视作主像背光的一部分，即背光与宝盖交界之前的天空部分。

晚期的平棋顶、平顶以团莲与"飞天"造型为主，尤其是平棋顶中有许多诸天仆乘、护法、化生团莲的雕刻造型，这些造型不仅强调了云冈石窟的护法思想，也表达了窟顶是佛国净土的理念。

晚期的窟顶在形制方面自成体系，以方形平面为主；在雕刻造型方面虽然脱胎于早、中期窟顶，但同时在探索中形成了自己独有的风格。晚期的团莲与"飞天"之间的组合成为窟顶的主要雕刻造型，佛国世界的概念通过供养天人与象征净土的莲花图案体现。

云冈石窟的窟顶经历了七十余年的演变，其雕刻造型随着石窟开凿进程的发展而改变，既跟随石窟形制而发展，又保持了自身的相对独立。

云冈石窟早期的石窟形制仅有椭圆形平面的大像窟一种，与之适配的窟顶形制为穹窿顶。早期穹窿顶的雕刻造型存留较少，在象征意义上也偏于原始，窟顶塑造为宝盖形象。

中期云冈石窟穹窿顶形制延续，但已不占据主要位置。这一时期主要的窟顶形制为中期最早出现的平棋藻井顶，这种窟顶形制随着佛殿窟的出现而出现。平棋藻井顶上同时雕刻团莲、"飞天"形象，营造出了佛国天宫的华丽景象。平棋藻井顶的第二种类型顶所在石窟中出现了平棋顶，这两种窟顶形制并行不悖。中期窟顶是云冈石窟窟顶雕刻造型发展的最高峰，这一时期雕刻造型团莲、"飞天"、护法、夜叉都出现在同一平面内，气势恢宏，既有犍陀罗因素，又有本土化因素出现。

随后云冈石窟中出现了中心塔柱窟，中心塔柱窟中主要有两种类型的平棋顶与一种类型的平顶。中心塔柱窟着重描绘护法思想，窟顶的表达围绕中心塔柱而展开。

平顶类型中心塔柱窟是云冈石窟雕刻造型走向衰退的体现，从这类石窟开始，石窟的规模与窟顶雕刻造型的华丽程度都有所下降。云冈石窟的衰退是与时政紧密相连的，太和改制、北魏迁都的发生使得云冈石窟从皇家主持开凿的工程逐渐转变为民间营造的石窟，晚期的石窟就是在这种情况下发展起来的。

晚期石窟数量众多，虽然规模较小，但是工匠们充分利用晚期窟顶的空间，利用细节的变动使得晚期石窟充满变化。晚期窟顶是云冈石窟窟顶真正成型的时期，石窟基本上都是方形平面，雕刻造型以团莲、"飞天"为主体，布局规律、风格统一。晚期窟顶以佛国净土为主要表达，象征着人们对佛国世界的美好想象。

云冈石窟窟顶的营造过程体现了佛教从西域进入中国之后逐渐与北方少数民族建立的政权相结合的过程，在此过程中，随着对佛教思想的深入了解，人们在最靠近"天"的地方——窟顶，逐渐融入了对西方净土的理解与想象，最终造就了云冈石窟独特的窟顶雕刻造型。

第四节　云冈石窟中造像的造型特色与文化多样性

云冈石窟位于山西省大同市以西 16 公里处的武州山南麓，与洛阳龙门石窟、敦煌莫高窟、甘肃麦积山石窟齐名，并称中国四大石窟。北魏文成帝继位第二年，西域高僧昙曜一句"皇上即当今如来"拉开了开凿云冈石窟的序幕，至孝明帝正光五年，云冈石窟的开凿前后持续了六十多年。北魏孝文帝时期的汉化改革把胡汉民族大融合推向了新的历史阶段，也使得云冈石窟不再仅仅充斥着对自然图腾崇拜的鲜卑之风，更成为这一时期中国少数民族文化与汉族文化交融、中西文化交融的见证。

一、云冈石窟造像的鲜卑特色

北魏由鲜卑人建国，当时的佛教带有明显的政治色彩。鲜卑政权深悟佛教能起到"化民成俗"的特殊作用，于是想借助佛教束缚民众思想。云冈石窟佛像的服饰及造型艺术也自然渗透着挥之不去的鲜卑色彩。

鲜卑族是在蒙古高原兴起的游牧民族，主要分布在中国北方。《魏书·帝纪》记载，鲜卑政权统治着幽都之北广漠无垠的沃野，过着游牧生活，以射猎为业。世代以射猎、游牧为业使得鲜卑族人具备超越农耕民族的战斗力和力量感。《魏书》中将很多北魏皇帝描述为彪悍的勇者，而所谓"目有光曜，广额大耳"就是力量的象征。

云冈大佛雕有大耳、大目，显示了鲜卑族人的特点。巨大宏伟的佛像造像是云冈石窟前期的造像特点。"昙曜五窟"开凿于公元 460—465 年，是云冈石窟的早期工程。北魏文成帝命人在五个石窟中间雕刻了五尊巨大的如来佛像，代表着北魏的五代皇帝。第 16 窟至第 20 窟的主佛像分别为：施无畏印的佛立像、交脚菩萨像、佛立像、施无畏印的佛坐像和施禅定印的佛坐像。一般认为这五尊佛像分别代表着北魏的道武帝、明元帝、太武帝、景穆帝、文成帝。五尊大佛规模宏伟、气势宏大，显示了鲜卑族对刚健雄浑之气的追求。其中最著名的第 20 窟露天大佛结跏趺坐，造型硕大，身材魁梧雄壮，两肩宽厚，两耳垂肩，双目圆睁，正是对鲜卑人理想身材的复刻。

鲜卑族喜爱歌舞，据《魏书》记载，拓跋珪定都后不久，就宣布"定律吕，协音乐"，建立礼乐体系。鲜卑人作为游牧民族，其舞蹈具有明显的民族风格，推崇豪健粗放、健壮有力。云冈佛像中也有许多引人注目的舞者形象。比如，云冈第 13 窟中的托臂力士，身小却力千钧，支撑起巨大的手臂，充满力量，体格健壮，造型优美而奇特，展现了《力士舞》"举手蹈足，瞋目颔首"的特点。而第 9 窟前五层方塔中的佛像则更具舞者风范，每层一对舞者，舞姿造型强健有力，展现武士气概，举手投足皆有战斗之意，惟妙惟肖。云冈石窟中的这种舞者形象正是鲜卑族崇尚力量的生动体现。

云冈石窟造像的鲜卑服饰习惯体现较为明显。鲜卑帽是鲜卑族人日常穿戴的常见样式，帽身方中带圆，两侧及脑后都有"垂裙"垂至肩部。这种装饰与鲜卑族人长期生活的自然环境密不可分，三侧的"垂裙"可以御寒，还可抵挡北方天气的风沙。后来北周时期又盛行将侧边的"垂裙"用带子扎起来，即后来的"幞头"。

云冈石窟供养人形象中出现了大量的鲜卑帽，如第 8 窟主室南壁头戴鲜卑帽的胡人供养像，第 7 窟西壁中层的供养人等。此外，鲜卑族作为草原民族，为适应马上生活，服装多革靴束腰，窄袖左衽，满裆裤。鲜卑族的这些服饰在北朝盛行，如云冈石窟第 5 窟南壁的托臂力士、飞天舞者及供养人都穿短衣，对襟与腰带搭配。第 6 窟东壁造像亦体现此服饰特点。

二、多元文化孕育下的云冈石窟

北方游牧民族南下扩张，建立起逐渐封建化的北魏王朝，并向西扩张，促进了中西文化交流。云冈石窟作为佛教圣地，对于中西文化交汇意义非凡，成为佛教艺术日趋中国化的作品。

佛教起源于古印度，创始人释迦牟尼生于今尼泊尔境内的蓝毗尼，是释迦族的一个王子。关于他的生卒年，在南、北传佛教中，至今仍有种种不同的说法，一般认为他生于公元前6至前5世纪间。他在青少年时即感到人世变幻无常，深思解脱人生苦难之道。

佛教重视人类心灵和道德的进步和觉悟，宣扬生死轮回，信徒希望通过修习佛教发现世界真相，摆脱磨难和烦恼，最终得到心灵的解脱。据说佛教在东汉时传入我国，南北朝时在中国进入鼎盛阶段。《洛阳伽蓝记》中记载，北魏洛阳城中寺庙曾达到一千三百多所。佛教文化自然渗入北魏社会生活的方方面面，云冈石窟中的佛像造像也体现了西域文化的影响。

慈悲为怀，心生善念，是佛教的基本教义。石窟中的每一尊佛像都带着澄净、温和的笑意，从容、安详、沉静地立在佛台之上。比如，第20窟露天大佛虽然体态雄伟、气势宏大雄浑，但仍面带笑意，正是清代曾朴在《孽海花》中所说的"庄严宝相"；第7窟的坐禅比丘慈悲肃穆、嘴角含笑，面部柔和宁静，吸引人沉浸其中，这种表情模式也是北魏政治、文化包容的体现。同时，北魏崇尚武力，为开拓统治区域长期用兵征战，因此，这种普度众生的表情模式也是民众期盼得到安抚与拯救的体现。

云冈石窟造像的乐舞造型也是胡汉文化融合、游牧文化和农耕文化融合、中西文化融合的典范。"飞天"传说是古印度佛教艺术中释迦牟尼佛的八部侍从的其中之二：乾闼婆和紧那罗，在石窟中只作艺术装饰之用，营造出图案连续出现的美感。云冈石窟早期"飞天"造像有浓厚的西域风格，比如，第6窟西壁的伎乐群中，"飞天"舞姿优美、轻盈灵动，是西域舞女的形象；第7窟中舞者的击鼓形象动作舒展、表现夸张，今天我国江苏、安徽等地区的民间舞中仍然残留有雕像中舞姿的影子，这充分体现了民族文化、世界文化的交流融合。同时，云冈石窟中的"飞天"形象也受到中国土生土长的道家思想影响，其凌空飞翔之态就极有可能受到道家"羽化登仙"思想影响。在两者共同作用下，形成了有中国特色的"飞天"。中西文化融合在其余造型上也有体现，比如，第20窟露天大佛造像的波浪状小胡须就是明显的胡人特色，第9窟佛像的螺发造型则源自古印度。

北魏时期，丝绸之路促进了中西各民族间的往来互通，推动各民族文化的交流融合。多民族文化的融合在服饰上的体现也尤为明显。比如，"昙曜五窟"第18窟到第20窟佛像都偏袒右肩，明显是受到古印度文化的影响。云冈石窟很多佛像服饰采用浅浮雕，显得衣服布料轻盈薄透，也符合古印度服饰特点。第12窟东壁树下坐禅比丘围头僧衣也具西域风格，第7窟树上也有两坐禅比丘，双腿、手臂皆被衣服遮住，后人考古发现新疆塔里木地区有类似的毛布套头上衣，因此，这种风格的围头僧衣应是西域服装。

云冈石窟造像的造型和服饰是我们了解当时气象的一个窗口，反映了北魏社会文化生活的一面，为我们今天研究我国古代历史、文化、社会生活提供了实物资料，也体现了北魏王朝开放包容、海纳百川的文化气度。

第三章

云冈石窟中的装饰图案与文化

第一节　云冈石窟中的莲花装饰纹样

一、莲花纹图案的起源与内涵

（一）莲花纹图案的起源

莲，又名荷，古时也称芙蓉、芙蕖、菡萏、水芙蓉、藕花等。《说文解字》中道："莲，芙蕖之实也。"《尔雅·释草》中解："荷，芙蕖……其华菡萏，其实莲，其根藕。"疏："芙蕖其总名也，别名芙蓉；江东呼荷；菡萏，莲花也。"北周时有"薮泽已竭，既莲掘藕"的说法，这是人们将莲藕作为食物的最早记载。莲在中国本意为莲子，后泛指莲花，与荷花相通。

莲是起源最早的被子植物之一，一亿三千五百万年前在北半球许多水域生长分布。古植物学家根据出土的莲化石、孢粉化石推测，现代亚洲、美洲和大洋洲的莲极其相似。

我国古植物学研究和近代考古发掘发现远古时期我国已存在野生莲。20 世纪 70 年代，古植物学家徐仁在青海省柴达木盆地发现了荷叶化石，将我国古莲的历史推进至 1000 多万年前，证明中国是莲的重要原产地。此外，考古学家在多次发掘清理中均发现有古莲痕迹，例如，20 世纪初在辽宁普兰店多次发现千年古莲子；1958 年，北京西郊太舟坞村出土大量乌黑、坚硬的古莲子；1972 年，河南郑州北部大河村遗址发掘时，在房基台面上清理出炭化粮食和两粒莲子；1973 年，在浙江余姚县罗江村新石器"河姆渡文化"遗址中，清理发现水生植物花粉带，包含菱、莲、香蒲等花粉化石，经 C14 测定，古莲至少也有 7000 年的历史。

北半球由于冰期低温等原因，大多植物种类已灭绝。莲属仅存两种，一种是美国莲，花为黄色；另一种是中国莲，植株高大，叶子呈椭圆状，花瓣有单瓣、重瓣、重台、千瓣之分，花色呈红或白，是地球上现存的冰期以前古老植物的代表。

（二）莲花纹图案的内涵

莲花纹饰最早出现于埃及中王国时期。古埃及人将莲花作为国花，认为它是太阳神与法老象征，是创造生命的符号，于是莲花装饰图案常见于埃及的纺织品、壁画、雕塑之中，甚至在尼罗河畔开罗塔间的立柱上都触目可见。

在我国，莲花具有悠久的栽培历史，早在公元前六七千年的新石器时代便为人所知，因其独特的生长习性，不仅具有实用及观赏价值，还有丰厚的文化内涵，备受人们喜爱。《周书》中有"薮泽已竭，既莲掘藕"，说明当时人们已会在湖塘枯竭之时将莲藕挖出食用。莲除了烹饪佐餐外还能入药，《本草纲目》中载，莲花、莲房、莲子、莲子心、莲须、莲叶、莲梗及莲藕都有药用价值。中国人自古爱莲，古时帝王车驾上的华盖多以莲花装饰，有记载"华"通"花"，即华盖，其起源与天象有关。莲花在秦汉还成为神仙信仰的产物，屈原在《楚辞·九歌·河伯》中即描述了介于天地、人神之间的神奇仙境，而此仙境中不乏莲花的描述。

因其出淤泥而不染的自然属性、清丽芳香的风姿和独特的神韵，莲花自古以来备受青睐。《芙蓉赋》中有"竦芳柯以从风，奋纤枝之璀璨。其始荣也，皎若夜光寻扶桑；其扬晖也，晃若九日出旸谷"。莲之美易使人联想到人之美，或歌颂美好圣洁的事物。

中国本土文化中，"莲""荷""藕""芙蓉"常喻指爱情与婚姻，"莲"同音"连"，"荷"同音"合"，"藕"同音"偶"，寓意爱情、连理，百年好合。而将莲花与情爱的寓意相连，追根溯源又与原始社会的生殖崇拜相关，也反映了早期生产力低下时人们对子孙繁衍的美好追求。人们由莲花盛开而延展想到生命的延续，用水中之物的莲花作为厌火的符号。中国莲花纹的形成是将莲花的自然属性与中国本土文化以及民族性格自然融合，凝结成为中国独有的象征意义。

莲花在佛教中被尊为"圣花"，多指白莲，一种名为芬陀利的莲花。莲花"出淤泥而不染"且"自性清净"，因此被视为"净土"，代表境界清净，使人心无尘染。其茎直而中空，符合佛教中万事皆空的意念。佛教经义中尚有"瑞莲生佛步，瑶树挂天衣"，可见莲花在佛教中也是祥瑞之物。自佛教创立起，信徒们便赋予其清静祥瑞、崇高圣洁、驱浊避邪的含义，把莲花的生长特性及内在意蕴与佛教教义、戒律相类比，形成对莲花的崇拜。如将佛经、佛龛称为"莲经""莲龛"；将佛座、佛眼称作"莲座"及"莲眼"。此外，我国最早的佛教结社为"莲社"，佛教也称"莲宗"，主张通过修行到达西方莲花净土。佛教中，佛就是莲，莲当为佛，莲花被视为佛的象征，拥有无限崇高、光明、吉祥、圣洁等含义，并被赋予神秘色彩。在佛教表现艺术中，莲花常用来表现佛的教义和理念，将艰深的佛经教义形象通俗化，让信徒更容易理解、接受。如《妙法莲华经》以莲花象征教义的清净、智慧与纯洁。

此外，佛教对莲花的生育特征也尤为重视，百花中仅有莲花同时开花结果，这与佛教中的过去、现在和未来的时间概念相契合，表现了生死轮回的佛教理念。在佛教看来，莲花从淤泥中生，这是解脱、化生的过程，也是从污浊的色界到清静佛界的升华，是此岸到彼岸的一种觉悟。

莲花纹饰广泛装饰于佛教建筑、雕塑、壁画及法器上，且多表现为莲座、藻井、柱础、佛塔、窟门、佛龛、造像头光及背光装饰等，纹饰华美、寓意深刻。随着佛教的传播及净土莲宗的不断发展，在魏晋南北朝时期，莲花的造型样式及内涵寓意也日益丰富。因此，分析莲花纹饰在佛教艺术中的象征性，有助于了解历史过程中莲花雕刻图案产生的背景及文化内涵，这对云冈石窟莲花装饰纹样的科学分类研究以及艺术源流问题的探讨有着极其重要的意义。

二、云冈石窟莲花装饰纹样的造型

（一）台座中的莲花纹造型

1. 云冈早期台座中的莲花纹

（1）佛像。第一期佛像莲花台座宽肥而外凸，莲瓣低于台面，花瓣雕刻间隙处有瓣尖叠压其下，为复瓣，单瓣莲花内雕刻双瓣，莲瓣中的直棱双线直通瓣尖，而有"凸面宝装莲花"之称，莲瓣雕刻线条粗犷简洁，立体感强。这种宝装莲花造型是云冈早期纹样的典型形式，时代特征明显，如第18窟东西两侧立佛脚下的莲台雕刻。

北魏太平真君四年（443年），苑中造鎏金铜佛像之莲台与云冈早期佛像莲台中的宝装莲花造型一致，简洁朴拙，雄壮大气。这种莲台造型最早见于甘肃炳灵寺编号第6、9窟及第169窟，约雕凿于西秦建弘元年（420年），云冈早期莲花纹样沿袭于此。北魏太延五年（439年），太武帝灭北凉，强徙僧徒、工匠至平城，这是"凉州模式"东传的见证。

（2）供养天。云冈早期供养天莲台中的莲花雕刻为仰莲，莲台造型为直径上宽下窄的倒锥形莲蕾状，莲瓣宽肥，装饰为宝装莲，且为复瓣，如第20窟主佛背光东侧上层胡跪供养天脚下的莲台雕刻。

2. 云冈中期台座中的莲花纹

（1）佛像。佛像莲花台座分以下两种造型。

第一，沿袭早期宝装莲雕刻，莲瓣丰实而凸起，并有双线雕刻的瓣尖叠压于花瓣间隔处而成为复瓣。如第7窟后室南壁明窗东侧佛座，莲瓣饱满而向外延展，佛座表现为下垂半圆莲，是云冈中期莲花台座雕刻的创新。

第二，莲台中的莲瓣雕刻为素面，根据不同造型又分三种，一是由早期宝装莲台衍化而来，莲瓣饱满，同为复瓣，但莲瓣为素面，莲瓣瓣尖略向外翘起，造型简洁，如第12窟东西壁上层佛座；二是莲瓣上以阴刻线雕饰竖线及圆圈等简单装饰，瓣形较宽，但不及早期瓣叶丰满，如第 8 窟南壁东侧第三层佛座，莲瓣平直下垂，中间瓣压两边瓣，两侧花瓣依次叠压；莲瓣细长而自然下垂贴附于龛柱，似蝌蚪状，为西域莲花纹东传的典型纹样，如第 11 窟西壁下层龛柱上的佛座。

佛像莲台中的莲花纹雕刻存在明显衍化关系。在云冈中期莲花纹雕刻中，莲瓣中的装饰从双瓣的宝装莲花到常用竖线及圆圈纹装饰，再到素面无装饰，这种素面造型成为当时莲花雕刻的流行趋势。

（2）菩萨。菩萨莲台的造型丰富，大致分为以下四种。

第一，莲台中的莲瓣较为写实，为盛开的侧莲叶，素面且窄细，见第 8 窟后室南壁第三层龛服侍菩萨脚下莲台雕刻，这种侧叶莲纹在新疆、敦煌及河西等石窟中较为常见，造型样式早于云冈宝装莲，云冈石窟应直接或间接受其影响。

第二，莲瓣宽肥且有宝装，线条流畅，造型简洁，沿袭云冈早期莲台雕刻风格，如第 13 窟主尊交脚菩萨脚下的莲台，莲瓣宝装且硕大凸起，莲台平面为方形，高于地面约 50cm；第 6 窟塔柱上层 8 个供养菩萨脚下的宝装莲台；第 5 窟南壁西侧供养菩萨脚下的下垂半圆宝装莲台；第 9 窟明窗东壁雕刻有菩萨善跏趺坐于伸出水池的粗茎莲台之上，左手提净瓶，右手持长茎莲，莲台中的莲瓣宽肥，单瓣内宝装且雕刻复瓣。

第三，莲台雕刻不如前期规整，花瓣宝装但瓣数较少，瓣叶略窄且造型随意，如第 7 窟南壁第四层东西龛交脚菩萨莲台，仅雕刻三片莲瓣且均宝装，造型低平。

第四，单脚莲台，即两只脚下各有尺寸较小的莲台雕刻，莲瓣平面化，样式简单，如第 11 窟东壁第三层单脚莲台，是云冈石窟最小的莲台雕刻。

菩萨莲台的四种造型依次在中期云冈石窟中有演变关系，即由西域样式中写实的莲瓣纹雕刻到规整的宝装莲台，再发展为随意的三瓣宝装莲台，继而又演变成造型简单的单脚莲台，莲花瓣的雕刻由写实饱满的造型逐渐趋于平面化。

（3）供养天。中期供养天的莲台造型与早期的同为莲蕾状，但莲瓣窄细，为素面，如第9窟后室南壁第四层两侧供养天莲台，莲瓣细长如条，装饰于莲蕾状的台基表面。

（4）护法神莲台。中期雕刻莲台的护法神中有金翅鸟和龙，莲台雕刻有以下两种。

第一，莲台中的莲瓣雕刻为复瓣，单瓣内宝装，瓣叶宽肥且直垂于台面之下，注重莲瓣的平面表现，如第9窟明窗龛楣中龙脚下的莲台雕刻。

第二，莲台造型为莲蕾状，表面莲瓣装饰为仰莲且呈条状，如第10窟明窗处金翅鸟脚下的莲台，莲台呈莲蕾状，莲瓣窄细，瓣叶内装饰细长的圆圈纹，装饰性强。

3. 云冈晚期台座中的莲花纹

晚期佛像莲花台座中的莲瓣略显窄长，宝装且为复瓣，莲花纹较为平面化，缺乏早期的立体感及丰实感，这与异域莲纹的本土化不无关系，已趋于图案化。如第14窟西壁第五层龛内佛座，莲瓣雕刻直垂向下，莲瓣尖部阴刻竖线，装饰性强。

云冈早期莲花台座雕刻以宝装、复瓣莲花装饰的莲台为主；随着异域装饰纹样"中国化"进程不断推进，异域莲瓣纹与本土莲花图样不断交流，表现为中期多元化莲台造型的繁荣景象，有佛、菩萨、供养天及护法神的莲台雕刻，造型多样且内涵丰富；至晚期，与莲台共同表现的组合图案较为单调，以佛像为主，而表现样式又回到早期造型，复瓣且宝装，但远不及早期宝装莲花的丰实有力、粗犷朴拙。晚期莲台中的莲瓣雕刻已平面化。

（二）装饰带中的莲花纹造型

1. 云冈早期装饰带中的莲花纹

云冈早期佛造像头光中的莲花纹雕刻，体型较大，宝装且为复瓣，宝装中的双瓣凸起，莲瓣宽肥，立体感十足，花瓣轮廓线较粗，造型粗犷，朴拙有力。

云冈石窟须弥座中的莲花装饰也多用仰覆莲瓣纹带。早期石窟中的须弥座上下皿板的雕刻多为素面，束腰连接皿板的两端均雕刻仰覆莲瓣纹带，其莲瓣宽肥宝装，瓣叶凸起，轮廓线粗实，以二方连续形式向两侧延展，造型简洁粗犷，如第16窟南壁拱门两侧二佛并坐造像的须弥座装饰，仰覆莲瓣纹带中的莲瓣较宽，宝装中的双瓣凸起，形式朴拙，是典型的云冈早期莲花纹样式。

2. 云冈中期装饰带中的莲花纹

（1）头光中的莲花雕刻。中期造像头光装饰中的莲花纹带雕刻沿袭早期莲瓣纹样式，莲瓣饱满，均宝装，为复瓣，运用阴刻及阳刻等多种雕刻技巧使莲花纹凸起于平面，有立体感，如第6窟东西侧立佛头光中的莲环，莲环浮雕与背光同处一面，置于头光最内层，莲瓣为复瓣宝装，外接弦纹及火焰纹；还有第5窟东西侧立佛头光中的莲环雕刻；第6窟四壁上层立佛造像头光的莲环雕刻，宝装莲纹同时表现在莲台与头光上的造型样式在云冈石窟较为广泛。

（2）壁面莲瓣纹带。依据不同造型大致可分为以下三类。

第一，莲瓣宽肥而凸起，单瓣内宝装且雕刻复瓣，以二方连续的形式加以表现，莲瓣纹样式沿袭云冈早期样式，但造型小于早期，如第7窟后室上层的莲瓣纹带，莲瓣丰满，单瓣宝装中的双瓣凸起，外轮廓线较粗，造型朴拙，异域风格明显。

第二，莲瓣较宽，宝装且为复瓣，瓣尖处雕刻平直，莲花纹略显立体感，轮廓线雕刻流畅，以二方连续形式加以表现，这种样式最早出现于第7、8窟。如第7窟后室下层的莲瓣纹带，以减地刻法雕出，宝装双瓣及瓣尖处都装饰阴刻圆圈纹，这是异域莲花纹受汉文化影响而创造出来的云冈新样式，也是北魏社会文化变革的反映。

第三，莲瓣宽且规整，宝装而有复瓣，莲瓣纹带趋于图案化，装饰性强，以二方连续形式加以表现，如第11窟顶壁间的莲瓣纹带；第9窟前室北壁莲瓣纹带，瓣叶宽肥且宝装，瓣尖向外折翘，图案装饰性较强，突出云冈太和时期皇家雕刻的严谨富丽。

云冈中期壁面莲花纹带雕刻具有内在的衍化关系，由异域风格明显、造型古拙且宝装复瓣凸起的莲瓣纹带雕刻，发展为立体感较强、多用圆圈纹等中原装饰元素的莲瓣纹带。随着北魏中期汉化改革的深入，莲瓣纹带雕刻又衍化为富丽规整，瓣尖折翘等装饰性较强的图案样式。

（3）须弥座中的莲花纹带。云冈中期须弥座中的莲瓣纹带雕刻沿袭早期仰覆莲瓣纹造型，莲瓣较宽且宝装，装饰趋于平面化，如第9、10及13窟南壁的须弥座雕刻中均有莲花装饰。其中第13窟南壁拱门两侧须弥座束腰连接皿板处上下各有一条莲瓣纹带，较宽的宝装莲瓣以二方连续形式加以装饰，图案立体感渐弱；第9、10窟前室立柱下层象背所驮须弥座中的仰覆宝装莲瓣纹相接的造型样式；第10窟前室北壁二佛并坐须弥座上的仰式宝装莲瓣纹，莲瓣宽肥且雕饰复瓣；第9窟前室北壁二佛并坐须弥座上雕刻素面无宝装的莲瓣纹带，瓣叶窄长且雕刻复瓣，样式较为新颖。

3.云网晚期装饰带中的莲花纹

晚期莲花纹装饰带中的莲瓣雕刻有宝装或素面，复瓣或单瓣，有西域式蝌蚪状莲瓣纹雕刻，还有风格独特的下垂式素面桃形莲瓣纹装饰，均以二方连续形式加以表现，造型丰富，风格多样，如第33-3窟北壁方形龛顶部雕刻三角间莲花纹，莲花造型为斜莲花样式，莲瓣细长呈蝌蚪状，莲心处雕刻为莲蕾状且顶部略尖，造型同于早期第18窟两侧立佛华盖中方格莲花以及中期第8窟南壁盏形龛楣方格莲花中的斜莲花样式；第33-3窟方形龛下所雕刻直垂式的桃形莲瓣纹，莲瓣饱满且无宝装，中间为正面桃形，两侧瓣尖分别向两侧弯曲，属晚期莲瓣纹带雕刻之独创。

云冈早期造像头光中的莲环与同期须弥座莲瓣纹中的单个莲瓣造型一致，莲瓣丰实硕大，瓣叶凸起，异域特征明显，并蕴含少数民族的粗犷风格，其中宝装莲环在头光中的表现在云冈石窟得以发展，河西石窟也并不多见；中期的头光莲环面积比早期小，莲瓣较宽，复瓣且宝装，与弦纹、火焰纹等形成组合纹样，造型简洁大气，装饰性较强；晚期造像则无头光莲表现。中期石窟中须弥座的莲瓣纹带雕刻造型多样，有延续早期形式的宽瓣宝装莲瓣，但趋于平面化，也有新创作的素面无宝装，或复瓣的莲瓣纹带，造型新颖。

综上，云冈早中晚期莲花纹带雕刻具有内在的衍化关系：早期莲瓣纹带为宽肥凸起、轮廓线粗实且异域风格明显的瓣叶雕刻，发展至中期，承袭早期较宽的莲瓣雕刻，莲瓣为复瓣宝装，而立体感渐弱，同时出现莲瓣略窄且素面复瓣的莲瓣纹带新样式，或在宝装花瓣内装饰圆圈纹等中原装饰元素。云冈中期的莲瓣纹带装饰随着北魏中期汉化改革的深入而雕饰富丽规整，造型丰富多样。云冈晚期沿袭中期规整的莲瓣纹带样式，但民间工程缺乏皇家的富丽之感，莲瓣窄小，更为简洁，莲瓣纹已然图案化。再者，第13窟顶壁间以三角纹带分隔开来，而第11窟顶壁间以莲瓣纹带为界并为中晚期石窟所广泛应用，可知两窟顶壁间的装饰带雕刻有必然的承袭关系。

（三）方格中的莲花纹造型

1.云冈早期方格中的莲花纹

云冈早期造像华盖及书形龛楣方格中多以飞天及莲花化生图案交替装饰，莲花化生图案造型简洁朴拙，莲瓣略呈条状，多以侧莲叶表现，化生童子造型写意，由莲花中心而出，雕刻样式有明显的西域特征，如第18窟东西立佛华盖之上方格中的莲花化中图案，莲瓣为素面，呈条状；第18窟南壁东侧盏形龛龛楣方格中的莲花化生图案，莲瓣窄长，中瓣以阴刻竖线装饰。

2.云冈中期方格中的莲花纹

盏形龛龛楣中的方格横向展开成为云冈中期龛楣装饰的新样式，方格中雕刻侧莲叶纹及十字形平面莲花纹样，侧莲叶中的莲心雕刻凸起，似莲蕾状，莲瓣素面窄长且数量不等，如第7、8窟南壁盏形龛龛楣方格中的莲花图案雕刻；平面十字形莲花中莲瓣细长，瓣叶间隔处雕刻复瓣，莲心处雕成莲蕾状且凸起，装饰性较强；第 5 窟南壁盝形龛方格中的莲花纹样同于第 7、8 窟；第 1、2 窟塔柱上层四周也装饰方格莲花。

还有异域特征明显的三叶四出纹，以圆圈为中心，四角伸出三叶小莲，装饰性较强，如第 10 窟后室南壁三层龛格以及第 1、2 窟塔柱上层方格内均有三叶四出纹莲花雕刻，四角的三叶莲花，莲瓣略宽实，分三小瓣，瓣中以阴线刻划纹路，整个莲花雕刻充分利用方格空间，几乎未留白，这是中外雕刻艺术相互交融的实物例证。

中期石窟盝形龛龛楣中，虽有一种莲花纹雕刻处于附属的装饰地位，造型简单，但精巧生动，通常为莲蕾状或简笔的莲花造型，莲瓣为素面单层，且花瓣数量不等，如第 6 窟塔柱下层盝形龛龛楣间飞天与莲花的组合造型，天人在飞行中将莲花抛出，莲花体型较小，素面单层，瓣叶 6-8 片，莲花腾跃空中的路径竟以线刻表现，构思巧妙，构图若飞天散花，充满动感；第 6 窟塔柱中部瓦当中的莲花纹造型与此样式一致，且这种瓦当样式多流行于南朝汉地，第 20 窟西侧也曾出土北魏时期的莲花瓦当，为单层复瓣莲花，区别于此种样式。此外，第 6 窟塔柱上层龛以及下层龛帷幕中的莲花雕刻造型简单，配合主题雕刻，有很强的装饰性。

云冈早期方格中的莲花纹雕刻，多为莲花化生图案，侧莲花纹中的莲瓣细长，素面，呈条状，异域特征明显；随着盝形龛龛楣造型的不断演化，中期石窟龛格中的莲花样式也尤为丰富，体现在莲花纹的整体造型及单个莲瓣的装饰中。事实上，在印度、中亚、西域石窟及古建筑遗址中，方格莲花纹早有应用，其造型主要有三类——正莲花纹（正视）、斜莲花纹（侧视）和三叶四出纹，这三种莲花纹造型在云冈中期雕刻中都有表现，如第 5、7 窟盝形龛方格中交替出现的正、斜莲花纹样，第 10 窟后室南壁龛格及第 1、2 窟塔柱上层雕刻的三叶四出纹。中期石窟盝形龛格中除了这三种造型，还有起辅助装饰作用且造型简单的单层素面莲花雕刻，这种体型较小的莲花雕刻也同时运用在北魏中期的帷幕及瓦当装饰中，造型精致，装饰随意性强。这种莲花样式及装饰手法流行于南朝，在云冈中期石窟中成熟运用，说明北魏汉化改革已深入文化艺术领域。方格中的莲花纹雕刻运用于早期，繁荣于中期，而至晚期，莲花纹装饰已不见于盝形龛格之中。

（四）窟顶中的莲花纹造型

早期云冈石窟形制均为平面马蹄形，穹窿顶，顶部雕刻多以千佛装饰。随着汉化改革的影响，中晚期云冈石窟多为平顶、平面方形石窟，中期石窟有单室或前后室，石窟顶部多雕刻平棋藻井，并装饰团莲、飞天等图案，如第7、8、9、10、12窟；晚期石窟顶部多雕刻平棋，如第23、38窟等，也有无平棋的窟顶雕刻，如第30窟等，窟顶雕刻内容丰富，造型多样，有飞天、伎乐天、莲蕾及变幻多样的莲花雕刻。

1.云冈中期窟顶中的莲花纹

云冈中期窟顶中的莲花纹多装饰于平顶石窟的平棋藻井中，同时也有不拘泥于平棋格，表现为较大的团莲样式，在此将中期窟顶莲花雕刻依据其造型大致分为以下四类。

第一，雕刻于窟顶平棋藻井之中，莲瓣较宽，宝装且为复瓣，宝装的双瓣凸起，有立体感，有的在团莲外还装饰一圈圆形轮廓线，如第7、8窟后室窟顶六格平棋内均雕刻八瓣宝装、复瓣团莲，棋枋交叉处雕刻体积较小的团莲。其中第7窟顶部东侧莲瓣浑圆且凸起，瓣尖较大，团莲外装饰圆形轮廓线，而西侧莲瓣起伏平缓，瓣尖偏小，中棱凸起直通叶尖，瓣叶上有阴线雕刻，团莲外无轮廓线。这种团莲中的莲瓣造型基本同于云冈早期莲花纹样，有直接的继承关系。

同造型的莲花雕刻还有第8窟后室南壁拱门两侧下方束莲柱中的莲花雕刻，莲花复瓣宝装且有轮廓线装饰，有的莲心处还雕刻莲子，上下莲花由宽茎相连，中腰束环且有卷草穿过，这种装饰图案是波斯柱头中国化的新样式，异域风格明显。此外，第7窟西壁三层、第8窟东壁三层、第10窟后室南壁西侧及第15窟西壁下层龛柱等都有束莲柱雕刻，但都较为简化。

第二，莲花装饰于中期窟顶平棋藻井中，造型简化，莲瓣略显窄长，如桃状，素面且为复瓣，莲心处有的为素面，有的则以阴刻线装饰为莲蕾状的凸起莲心，颇具立体感，似待放的花朵，如第9、10窟前室窟顶六格平棋中的团莲雕刻。其中第9窟平棋藻井中棋枋上雕刻两朵欲盛开的团莲，凸起含苞的莲蕾造型写实，华贵富丽；第9、10窟窟顶平棋藻井中还有一种素面、复瓣团莲，莲瓣呈桃状，线条流畅，这种莲瓣雕刻在第9窟明窗西壁也有表现，为由地而出的长茎莲花，单层且为复瓣，莲瓣呈桃状且为素面，样式简洁，团莲下装饰弯曲的茎干和枝叶，尤为写实且生动有趣。此外，晚期第5-11窟窟内阴刻线雕5朵团莲，中间最大，四角各一，莲瓣丰满素面且复瓣，瓣叶桃状，团莲外围有圆形轮廓线，造型承袭中期第9、10窟前室平棋藻井中的莲花雕刻。中期石窟团莲中的莲瓣造型由宽肥衍化为略窄，继而呈流线型的桃状，异域特征逐渐减弱，是莲花纹本土化的体现。

第三，莲花雕刻于平棋藻井之中，造型为两层，莲瓣均为素面且装饰复瓣，莲瓣及莲心雕刻凸起，立体感强，如第12窟窟顶棋枋间雕刻三朵团莲图案，为两层，每层莲瓣均为素面且装饰复瓣，用"剔地起突"手法加以雕刻，增强其立体感，反映北魏太和时期政治经济文化发展繁荣，佛教艺术雕刻也表现得尤为富丽华美。

第四，中期云冈石窟中衍化时间较晚的莲花雕刻，莲花分两层，外层莲瓣窄长且宝装，内层瓣叶细长呈条状，为素面，如第1、2窟窟顶南侧均有三朵体型较大的团莲并列雕刻，其中第1窟窟顶南侧浮雕两层团莲，外层莲瓣略窄，复瓣宝装，内层单瓣且为素面，呈细条状，中央莲心处以线刻的圆圈纹表现莲子，每层均有双线的弦纹为界。第1、2窟顶部三莲并列的布局形式在中期云冈石窟中属于孤例，但团莲中窄细的宝装莲瓣和细长条状的莲花造型，以及莲心中的莲子雕刻，与晚期石窟中的部分窟顶团莲造型一致，这也使得我们更加明了云冈团莲雕刻的大致脉络。

综上，云冈中期窟顶雕刻的团莲造型存在衍化关系，即由莲瓣宽肥且宝装复瓣，形似早期莲瓣纹的团莲雕刻，到莲瓣略显窄细、流线型呈桃状，素面并有复瓣的团莲造型，再发展为两层莲花，每层莲瓣雕刻复瓣且素面无宝装，瓣实凸起，继而又衍化为双层莲花纹中的瓣叶略窄或细长，宝装或素面，莲心处雕刻莲子，每层莲花纹饰以双线弦纹，莲花趋于平面化。

2. 云冈晚期窟顶中的莲花纹

晚期云冈石窟中的莲花造型多样，装饰内容丰富，有平棋或无格式的窟顶团莲雕刻；有两层或三层的莲瓣造型；其莲瓣或宽肥，或窄瘦，或宝装，或素面；莲心雕刻有素面，也有圆圈纹的莲子雕刻；有的窟顶还饰以化生莲花、菩萨、骑乘及龙等图案。晚期雕刻中的莲花化生形象不及早中期的造型饱满写实，体型偏瘦而平面化，但雕刻内容丰富，装饰性较强。

晚期石窟窟顶多为平棋式，棋格内雕刻飞天、莲花及伎乐天等图案，其中莲花雕刻造型多样，装饰内容丰富，继承和发展了早中期莲花雕刻样式，创新出更加丰富的艺术造型。晚期的窟顶团莲雕刻多为两层，莲瓣较宽且略有凸起，相比早中期，整体造型趋于平面化，瓣叶宝装或素面，多为复瓣莲花，装饰意味较浓，如第23窟窟顶东西侧均雕刻体型较大的双层团莲，瓣叶宽实，外层都为宝装莲瓣，东侧莲内层有宝装，西侧则无，莲瓣造型同于早期莲花雕刻样式，但趋于平面化。

无平棋式窟顶的佛教表现艺术在晚期石窟中发挥得淋漓尽致，虽没有平棋藻井那般严谨富贵，但飞天、伎乐天及莲花在窟顶中的雕刻却更显极乐世界的平等自由，画面轻松随意，充满动感。如第30窟平顶中的团莲雕刻分两层，外层莲瓣窄，根部内收，宝装且为复瓣；内层莲瓣叶素面窄细，并以阴刻线装饰为相互叠压状，中央的莲心雕刻素面且突出于平面，雕刻图案布局满实，装饰性强。

此外，窟顶雕刻的莲花化生图案成为晚期石窟中的独创，而在早中期石窟中多装饰于华盖、龛楣、门额及壁面等位置。莲花化生图案上升为窟顶雕刻，增加了窟顶的装饰元素，同时表达信徒往生净土世界的美好愿望。晚期窟顶中的莲花化生造型多由二层或三层莲花组成，其间雕刻的化生形象图案化明显，如第32-3窟顶部平棋中的化生莲花雕刻，莲花雕刻为三层，莲瓣叶略显窄长且无宝装，复瓣而根部内收，最内层的莲叶中雕刻四身露半身的浮雕童子，头部向外，双臂平伸，手相连而上举，人物雕刻装饰于团莲之中，生动形象，颇具趣味；还有第38窟窟顶构思精巧的化生莲花图案，是晚期莲花纹饰雕刻的杰作。图案大致分三层，内层有八身莲花化生童子相向而围，头向外的童子托举龙爪，而头向内的童子由龙口而出；中层雕刻四身天人乘龙顺时针环绕于团莲之中，龙形雕刻首尾相接，似腾云飞跃，颇具动感；外层由复瓣莲纹作为装饰。整个图案造型新颖，装饰内容丰富，是云冈晚期窟顶莲花雕刻中的精品。

云冈石窟窟顶莲花纹有明显的演变关系，云冈早期窟顶中无莲花雕刻，中期石窟中窟顶莲花单瓣造型部分与早期莲瓣纹相似，并装饰较深的轮廓线，瓣叶宽肥且装饰复瓣、单层宝装，莲心处或有莲子，如第7、8窟窟顶平棋藻井中的团莲雕刻，而后发展为莲瓣略窄，素面且为复瓣，流线型如桃状，并出现双层的团莲纹，如第9、10、12窟；到云冈晚期，有的承袭中期窟顶雕刻而表现为地面线划的素面复瓣桃状莲瓣纹雕刻，有的衍化为莲瓣窄长或为条形，根部内收，莲瓣宝装或素面，莲心处雕刻莲子、莲蕾等图案，双层或三层莲花较多运用，化生莲花在团莲中的表现在晚期莲花纹中较为突出，如第23、38、32-3窟，此外还有同造型的窟内地面雕刻，如第5-11窟、32-9窟。云冈窟顶丰富的造型变化是异域文化与中国传统审美间交流的历史见证，其多样的雕刻技法与造型样式，对于云冈年代分期研究有着极其重要的意义。

（五）拱门及明窗中的莲花纹造型

中期云冈石窟拱门及明窗中的莲花雕刻造型丰富，规整大气、华美富丽，如第5、6，7、8，9、10这三组双窟窟门顶部雕刻的团莲纹样；第5、6、9、10等窟的拱门门额上均雕刻立体感十足的"门簪"式莲花，雕刻精美；此外还有第9、

10、12窟明窗顶部的团莲雕刻，都具有典型的时代特征。

1. 云冈中期拱门及明窗中的莲花纹

云冈中期拱门及明窗中的莲花纹依据其不同造型可分为以下三类。

第一，双层复瓣团莲，莲瓣宽肥且均宝装，根部内收，莲心处为素面，如第7、8窟窟门顶部的团莲雕刻，其中第8窟窟门顶部为复瓣莲花雕刻，双层莲瓣均宝装，瓣叶较宽，雕工细致，造型朴拙，有早期莲花雕刻的古拙之风；第7、8窟及第9、10窟间的过道拱门顶部均有造型一致的团莲雕刻，其中第7、8窟过道拱门顶部雕刻四天人托举莲花的图案，风格古朴，形象生动；第9、10、12窟明窗顶部的团莲雕刻造型一致，却更显规整华丽，团莲雕刻尺寸较大，直径均在1米左右，为双层莲花纹并装饰复瓣，莲瓣宽实且宝装，宝装中的双瓣及莲心雕刻均凸起于平面，颇具立体感，其中第10窟明窗顶部团莲中的宝装花瓣造型尤为突出，内层莲瓣尖部雕刻几乎镂空；第12窟明窗顶部雕刻的团莲直径最大，莲瓣丰硕，分两层且有复瓣，单瓣间距较宽，轮廓线粗实，沿袭早期莲瓣纹雕刻样式，风格粗犷。

第二，窟门顶部雕刻的莲花化生图案，莲瓣窄长，宝装且为复瓣，中央雕刻化生童子，如第5窟窟门顶部雕刻5朵大小不一的莲花化生图案，莲瓣略窄，根部内收，单瓣宝装且雕刻复瓣，莲瓣与莲心间饰以双线弦纹，团莲外装饰一圈圆形轮廓线，莲花中的化生童子头部均朝向后室主佛。

第三，中期云冈石窟中窟门门额上的莲花雕刻最具特色，造型别致，如第5、6、9、10等窟的门额上均有团莲雕刻，因其运用"剔地起突"等特殊的雕刻手法，立体感很强，似整个莲花突出于壁面，具有典型的时代特征。如第9、10窟门额上一字排列5朵莲花，其中第9窟门额上的莲花雕刻饱满，单层莲瓣宝装，瓣叶宽肥且雕刻复瓣，莲心处以阴线刻雕成莲蕾状，与缠枝纹构成组合图案，装饰华丽。第10窟后室南壁窟门门额之上雕刻5朵化生童子莲花造型，莲花单层宝装，且有复瓣，莲心处有较为写实的半身童子像，手持璎珞由莲花中心而出，这种莲花造型似突出于壁面，如中原汉地建筑中的"门簪"，颇具装饰性。

2. 云冈晚期明窗中的莲花纹

晚期云冈石窟明窗顶部也有较为精美的莲花图案，莲花结构为单层、双层或三层；莲瓣雕刻造型多样，瓣叶或宽肥，或窄细，单瓣内或宝装，或素面，莲心处多有莲子装饰。莲花雕刻趋于平面化。

早期云冈石窟拱门及明窗中未见莲花雕刻，中期石窟拱门及明窗中装饰单层或双层且宝装复瓣的团状莲花；还有风格不一的莲花化生图案，以及精美奇特的高浮雕"门簪"式莲花雕刻。就莲花的造型样式及雕刻风格而言，第7、8窟窟门及过道拱门顶部的团莲雕刻样式沿袭早期造型风格，莲瓣宽肥且宝装，有复瓣，瓣叶凸起，造型简洁，风格朴拙。而第5、9、10、12窟窟顶门及明窗顶部的团莲雕刻，第9、10窟门额上的莲花及莲花化生童子雕刻更显规整富丽，样式丰富多变，有宽瓣或窄瓣的宝装莲花，单层或双层，莲心处以线雕装饰为莲蕾状或化生童子等，形式多样，有很强的装饰性。在中原文化与异域文化的交流碰撞中，云冈石窟的莲花雕刻有着丰富多样的艺术造型，极具表现力。晚期石窟中明窗顶部的莲花雕刻，虽其造型元素沿袭于早、中期，但其风格不如第9、10窟中皇家团莲的华美，也不及早期莲花纹融合异域之风的大气古拙，在简洁、繁复的风格中相互穿插，造型秀气，莲花图案平面化。

云冈石窟中的莲花贯穿于早、中、晚三期石窟中，造型丰富且特征鲜明，是植物纹雕刻中最有表现力的装饰图案之一。早期莲瓣纹多见于造像头光内层及莲台中，多为宝装复瓣的单层莲花，风格粗犷，如第17、18、20窟头光及莲台；还有细长蝌蚪状的异域莲纹样式，如第18窟方格莲花及第20窟供养天莲台。云冈中期莲花边饰及单体莲瓣纹应用广泛，连环纹逐渐增多，造型更为复杂，如第5、6窟，第7、8窟及第9、10窟。在云冈石窟中、西部，团状莲花成为石窟内莲花装饰的主题，造型多样，风格简练，但多数不超于两层花瓣，与龙门石窟的莲花装饰形成鲜明对比，龙门石窟莲花样式更为繁复多样，如龙门莲花石窟顶莲花藻井装饰，花瓣重叠且外圈饰花环，中央有莲蓬及花蕊，表现内容细腻。可以看出，简练自然是云冈石窟莲花纹表现的独特装饰风格。

云冈石窟作为北魏的重点工程，聚集大德高僧、顶级工匠及国家财力，怀着对佛教的无限崇尚与信仰，在64年间雕刻出饱含佛教及历史文化内涵的皇家石刻宗庙。随着历史的变迁，在由异域文化、少数民族乡俗与中原文化的数次碰撞，到孝文帝主动推行汉化改革，再到北魏迁都洛阳后云冈民间佛教雕刻兴盛的历史进程中，云冈石窟将古印度及西域佛教表现艺术与中国传统文化有阶段性地交流融合，在早、中、晚期开窟造像中形成风格迥异的时代特征，而莲花图案作为佛教最有代表性的象征符号，在各个时期显示出鲜明的造型特点。因此，我们将石窟中莲花装饰纹样以雕刻位置为线索，分析其分布特点、结构造型及艺术风格，总结云冈石窟各个时期的造型特征，并将其作为云冈石窟分期的断代依据，这对于云冈学研究有着重要的实际意义。

三、云冈石窟莲花装饰纹样的源流

（一）早期本土莲花纹的发展

莲花纹是我国传统的装饰纹样之一。在佛教传入中国前，莲花图案便出现在建筑、器皿、瓦当或铜镜之上。浙江余姚河姆渡遗址出土有新石器时代线刻似莲瓣纹，距今有六七千年的历史；周代出土文物中莲花装饰纹样也较为常见，山西侯马地区的东周墓中出土一件盖上饰以直立莲瓣的陶壶，莲瓣装饰为素面、单瓣且尖端向外延展。

春秋战国时期，莲花纹样多用于青铜器物，且流行以莲瓣作为壶盖装饰。1923年，河南新郑李家楼出土的青铜莲鹤方壶，壶以龙为耳，以兽为足，在盖上铸接有两重骈列且四周花瓣翻仰的莲花造型，内层莲瓣上有透雕纹饰，瓣叶较宽，造型古拙，居中伫立着一只振翼欲飞的仙鹤，这种独特的设计风格被历史学家们视为新时代的象征；1953年，洛阳烧沟612号战国墓中出土盘面及豆盖捉手均饰有彩绘莲花的盘形陶豆，花心正圆，四方花瓣宽肥，两瓣间雕刻复瓣，花纹以黑线描出，中间贯以红色细线，图案周密规整。

秦汉时期，莲花纹饰多用于装饰宫室及墓室建筑。秦朝咸阳宫 1 号遗址出土了八瓣莲纹瓦当；山东沂南画像石汉墓中有四瓣或八瓣浮雕莲花纹藻井；江苏徐州青山泉白集东汉画像石墓藻井中雕刻四瓣或八瓣"十"字正面结构莲花图案；汉代武氏祠前室西间藻井中的莲花雕刻，八片莲瓣素面且宽实，根部内收，莲心凸起于平面，立体感十足；此外，沂南画像石墓藻井中保存有完整的莲花装饰图像，雕刻线条流畅，瓣叶宽实但根部较细，四片叶瓣以线划装饰竖线，莲心处以双线装饰。东汉王延寿在《鲁灵光殿赋》中对藻井中的莲花纹这样描述："圆渊方井，反植荷蕖。发秀吐荣，菡萏披敷。绿房紫菂，窋咤垂珠。"可见，从新石器时代至秦汉时代，莲花纹逐渐广泛用于装饰，已成为中国最早成系列发展的植物纹样之一，有着悠久的应用历史。

此时期的莲花纹样，古朴简单、花瓣饱满，莲花图案多为四瓣或八瓣组合而成的四方造型，符合阴阳五行观念构成的宇宙图式，形成与神仙、天穹及"四方八位"之宇宙模式的象征关系。可见，早期莲花装饰图案是代表中国古代宇宙观的标志性纹样。莲花图案多"十"字正面结构，主要装饰于器物、宫殿及墓室建筑上部或顶部的中心位置，善采用镂空技术，流行向上的莲瓣或鱼莲组合纹样。

从考古发掘资料及文献材料中可以看出，东汉明帝时佛教传入中国之前，中国的莲花图案便有其自身的装饰历史，而不是因印度佛教的东渐才传入的。但佛教的传播与兴盛使莲花在装饰艺术中的地位日益重要，并在魏晋南北朝时期达到极盛。

（二）外来与本土文化相融合的云冈莲花纹

东汉时，丝绸之路日渐畅通，中国与印度、西域间的经济文化交流也更为频繁，佛教便沿着这条贸易古道于东汉末年传入中国，佛教艺术也作为思想载体在中国大地上生根发芽，并以迅猛的速度开枝散叶，发展繁荣起来。魏晋南北朝时期，政权更迭，战争频仍，人口迁徙，西来佛教文化与各民族传统不断地碰撞交融，使中国在思想、文化、艺术等多领域融入新鲜的异域元素，最终形成更具多样性、包容性，并具有坚强意志力的中华文化。异域莲花装饰艺术在中国传统文化及审美习惯面前不断中国化、民族化，以至完全融入其中。民族传统艺术无形而强大的意志力，中华民族多元文化的包容性与扩张性，千百年来在各个领域的交流融合就是它们最好的见证。

莲花纹作为图腾象征最早流行于古埃及，几千年间造型样式变化甚微，后来充满幻想的希腊人将这种纹饰极大地发挥和运用而成为复杂的装饰形式。公元前5—6世纪，随着佛教在古印度的创立，作为佛及其思想的化身，佛教表现艺术的兴起也带来了莲花装饰纹样的繁荣发展。借鉴地中海一带业已成熟的古希腊造像艺术，佛教艺术随之兴盛。当佛教自印度出发，带着其传统样式，隐含古希腊艺术的拟迹，途经中亚及西域各国，不断融合吸收众多西来元素而至中土时，中国本土莲花纹也将迎来一场内涵及形式变革。

随着佛教北传至犍陀罗、大夏及安息后，佛教中的莲花纹已然是印度莲花与希腊水草叶的综合纹样，或在自然界中已没有具态形状，其造型多样，莲瓣肥厚且数量较多，瓣叶呈双弧线并相互叠压。古印度建筑和雕刻中有较多这样的莲花纹装饰，如桑奇大塔门浮雕和巴尔胡特围栏浮雕中的莲纹装饰。而在佛教艺术传入中国早期，莲花纹又多为印度佛教莲花纹饰与中国本土莲花纹自然融合的一种新形式。可见，中国莲花纹在吸收印度佛教装饰艺术的同时，也间接融合了中亚、希腊以及罗马风格的花卉纹饰。

中国汉代早期本土莲花纹瓣数较少，以四出及八出居多，花瓣多为桃形，瓣叶饱满且根部细长，莲心处为素面或有弧线等纹饰。如河南打虎亭二号墓藻井莲花图案、武氏祠前室西间藻井中的莲花图案等。魏晋南北朝时期，印度佛教的传入丰富了中国本土莲花纹饰的形式与内涵，使其在保留本土莲花纹形态特征的基础上，受到印度佛教莲花装饰纹样严密规整且层次繁多的结构影响，中国莲花纹饰造型风格趋于饱满且样式在规整中寻求多样性变化，并广泛应用于宫殿、石窟、寺庙、墓葬建筑、佛教法器及工艺品中，继而以此雏形成就了唐代宝相花等装饰纹样的繁荣。

莲花作为佛教最为特殊的象征符号，在云冈重要佛教仪典雕刻中必不可少，一般以单体莲花、莲瓣纹带、方格莲花及组合图案雕刻于石窟顶部、壁面、地面、明窗、拱门、台座及造像头光等处，北魏云冈莲花纹雕刻构图简洁、线条浑朴、主题鲜明。其中，云冈石窟窟顶莲花雕刻大多不超于两层花瓣且装饰较少，莲瓣造型简洁，风格朴拙，与后期龙门石窟中莲花造型样式相异。龙门石窟莲花纹造型较为繁冗，如龙门石窟顶藻井中的莲花雕刻，花瓣分两层，且每层均为复瓣，莲花中心多雕刻莲蓬及莲子，莲花外还装饰一圈单层卷草纹，表现内容细腻，强调装饰性。此外，在云冈石窟的莲花雕刻之中，莲花与忍冬的组合纹样应用广泛，这两种西来植物纹样受中原汉文化影响而创造的装饰造型在河西石窟并不多见，却发扬于云冈石窟，并被大量应用于石窟壁面边饰之中，且忍冬纹雕刻常浮突于莲瓣之上，造型自然古拙，浑朴劲健，异域风格明显。

平城作为北魏的国都，借助鲜卑统治者的信仰与支持，佛教在此盛极一时，佛教造像及装饰艺术也随之兴起繁盛。太武帝太延五年（439年）平定北凉后，迁徙三万余户凉州吏民以充京师，而吏民中有就三千僧侣随至平城。随着北魏佛教的兴盛及和平初年（460年）云冈石窟的开凿，他们将凉州等地佛教表现艺术运用到云冈雕刻当中。当然，云冈石窟莲花造型及莲花化生等组合图像也有其自身的特点。随着北魏王朝汉化政策在社会文化艺术等领域的不断深入，云冈石窟的兴建尤其在中晚期石窟的开凿过程中，越来越多的中原及南朝艺术风格直接或间接融入云冈莲花纹雕刻之中。

北魏佛教兴盛，莲花作为重要的佛教表现艺术形式，在云冈石窟开创了我国全石化植物装饰的先河，继承秦汉雕塑艺术传统装饰风格的同时，汲取北方少数民族及外来佛教装饰文化中的有益元素，中外合璧、超越世俗，虔诚的信仰和无限的创造力铸凿了云冈石窟莲花纹造型系统，并随着北魏平城佛教的发展繁荣，形成了极具佛教文化凝聚力和影响力的云冈莲花雕刻艺术风格，即莲花图像的"平城模式"，其莲花造型及装饰风格影响中国北部佛教石窟莲花纹装饰应用。

（三）"平城模式"推动云冈莲花装饰艺术的发展

1. 北朝时期莲花纹"平城模式"的推广

云冈石窟植物纹样雕刻大多源于西方，但经过本土化的改造，样式新颖而独特，带有异国情调，其中莲花纹样的演变折射出印度与中亚佛教艺术向中土传播发展的历史轨迹，反映出佛教及其表现艺术在中国逐渐世俗化、民族化的过程，这在云冈雕刻中实现了前所未有的融会贯通。云冈石窟莲花纹图案既借鉴了印度、龟兹及凉州莲花造型因素，也融合了中原北方简练概括、粗犷朴拙的艺术特点，同时还继承了两汉以来莲花图像装饰繁密细致、古朴劲健的风格，从而形成特征明显的云冈莲纹"平城模式"，即形式朴拙，结构简练，西来影响较为明显。

在云冈莲花雕刻之中，汉文化元素随处可见，其中团莲及莲花化生图案就有其独特风格，形成比较成熟的艺术造型并在石窟中广泛应用。云冈莲花纹饰风格成为佛教艺术在中国发展的转折点，是石窟植物装饰艺术"中国化"的开始，特别是云冈中晚期石窟雕刻的莲花装饰纹样更凸显浓郁的汉式装饰风格，形成强大的佛教表现艺术影响力，将云冈莲花纹模式四散传播，如在敦煌、龙门、河南巩义及河北响堂山等石窟开凿中，莲花纹的运用均不同程度受到云冈莲花造型的影响。

云冈石窟是佛教传入中国后第一次由国家主持雕凿且规模宏大的皇家石窟寺庙。北魏佛教达到极盛，集聚于京邑平城的高僧大德、能工巧匠融合了中外装饰艺术风格，在64年间于绵延一公里的武州山崖雕凿254所石窟及59000余尊造像，其间的莲花纹装饰更是数不胜数。北魏工匠在造型样式及雕刻技巧上创造的平城莲花装饰模式对当时中原地区莲花图案的发展起着指导性作用，云冈莲花图案成为北魏各地石窟雕凿莲花装饰纹样的范本。北魏迁都洛阳后，洛阳附近石窟中运用的早期莲花装饰大都可视作云冈莲花纹的继续，而后期出现的莲花纹形式则更多受到南方佛像装饰风格的影响。

平城莲花造型模式吸收了古希腊、印度、凉州、龟兹、鲜卑等地的佛教文化及植物装饰元素，同时在潜移默化中融汇了中原及南朝表现艺术风格。事实上，云冈莲花纹的平城风格指云冈莲花造型的装饰元素更多来源于西域及中原北方，因此形成简洁朴拙、线条浑实的表现风格。可见，云冈莲花装饰的演变在中国植物装饰纹样的发展中有着历史变革的时代意义，值得我们深入探讨研究。

2. 云冈莲花装饰艺术促进莲纹造型的多样化

魏晋南北朝时期，佛教信仰兴盛，莲花纹样被大量运用在佛教绘画、雕塑及石窟、寺庙等建筑中，同时在画像砖、陶瓷器、铜镜等的装饰中也较为常见。莲花作为佛教重要的象征符号，在云冈装饰纹样中占有重要的地位，造型多样如莲花台座、莲瓣纹带、方格莲花、团莲、莲花化生、束莲柱等，广泛雕刻于云冈石窟顶部、壁面、明窗、拱门、地面、台座、造像头光及背光等处，如云冈第9、12窟前室由团莲及飞天装饰的平棋藻井雕刻，平棋格内及棋枋之间都以莲花为主要装饰；第17窟西壁佛龛背光雕刻中的莲花纹作放射性排列且硕大清晰；此外还有云冈石窟的莲花化生童子，分布于装饰带、背光火焰纹、藻井上的莲花及龛壁柱头之上。

云冈莲花纹雕刻构图简洁、线条浑朴、造型自然，风格朴拙。其造型以印度及西域莲花造型为范本，融合中原北方及鲜卑民族朴拙、粗犷的装饰艺术，同时受南朝汉文化细致古朴风格的影响，形成有鲜明时代特征的云冈莲花装饰系统。借助平城强大的佛教文化影响力，云冈莲花雕刻"平城模式"继而得到推广，发展成熟的云冈莲花艺术造型便在北朝石窟中广泛应用，如敦煌、龙门、河南巩义及河北响堂山等石窟。

云冈石窟作为印度西域莲花艺术与中原南朝汉文化相互碰撞融合的转折点，在莲花纹装饰中有着明显的"中国化过程"的艺术特征，并在64年间形成云冈莲花纹"平城模式"，各种文化融合的云冈莲花造型成为后代莲纹装饰的范本，不断发展创新，形成造型多样、应用领域广泛的莲花装饰艺术形式，对于后期莲花纹装饰系统的形成和发展有着极其重要的意义。

（1）南北朝时期中西文化交流之始的莲纹样式。北朝是敦煌石窟艺术的初发期，呈现出西域与中原文化交融的艺术特征。其装饰简练鲜明，组合纹样也不复杂。北朝前期藻井中的莲花多以圆轮表示，而北魏时莲花造型在圆轮基础上加以变化，出现了多重花瓣，并以圆点表示莲心，这种莲花造型样式在云冈中期第1、2窟及第9、10窟中就已成熟应用。敦煌莫高窟窟顶、佛座、壁画、边饰、龛楣等均运用莲花装饰，壁画中的故事画也多装饰莲花纹，如飞天与莲花、池中的莲花等，这种莲花的同类造型也见于第7、8窟过道拱门顶部及第9窟明窗东西壁。敦煌北魏时期窟顶平棋藻井中多装饰正面俯视的莲花形状，中央还有圆形的莲心，如第285窟的北魏藻井图案。巩义石窟寺第5窟平棋中的莲花、飞仙和莲花化斗图案变化更为丰富。北魏中期以后，石窟顶部的藻井装饰以莲纹为主，中心雕大莲花，莲心饱满，厚瓣重叠，四周雕飞天伎乐，灵活生动，如龙门宾阳中洞、莲花洞、魏字洞等。综上可知，北朝时期石窟寺的莲花造型元素几乎在云冈装饰纹样中均可见，它们之间有着不同程度的承袭衍化关系。

在山西地区所发掘的北朝壁画墓中，莲花装饰题材较为丰富，如1973年，山西省寿阳县贾家庄发掘的北齐库狄回洛墓墓门浮雕莲花形门簪；山西曲沃县秦村北魏墓室顶部的莲花图案；山西大同七里村北魏墓浮雕筱莲覆盆形帐础；以及太原徐显秀墓墓门门簪、门额和墓室壁画的莲花纹等。这一时期石刻建筑装饰也多用莲花图案，如1966年，山西大同市石家寨司马金龙墓出土的北魏雕龙伎乐石柱座，顶部雕莲花状，周围饰行龙和海涛纹，雕工精致；云冈第9窟中的仰莲柱础，柱头有莲瓣装饰，础部饰覆莲和仰覆莲瓣，莲瓣高瘦，形象简单；此外还有束莲装饰的龛柱，响堂山石窟的龛柱用仰莲或覆莲作柱础，柱上有一重或数重仰覆莲花束腰，这种在柱上的束莲装饰在南北朝极为流行。

为迎合信佛人的审美观,南北朝时期,我国的陶瓷工艺在瓶、壶、尊、罐等器物上多使用莲花图案,如 1948 年,河北景县封氏墓群出土的北朝青釉仰覆莲花尊通体饰莲花纹,顶部为莲纹盘,盖心为凸起的覆莲式提手,颈部堆贴龙戏莲团花,肩部堆贴覆莲,腹部饰菩提垂叶及仰覆莲,足部饰覆莲。莲瓣均向外微卷,丰盈饱满,华丽端庄,堪称北方瓷器的代表作;1971 年,河南安阳范粹墓出土的北齐乐舞纹黄釉陶扁壶,腹部双面装饰"胡腾舞"图案,且舞者立于莲台之上;1973 年,河北景县高雅墓出土的东魏褐黄釉陶龙柄瓶,上腹阴刻莲瓣纹,莲瓣下方又围贴一圈花瓣;1973 年,在山西寿阳县库狄回洛墓出土的北齐莲瓣釉陶尊,尊盖散堆莲状花,遍体堆贴莲瓣石等装饰,造型别致;1979 年,山西太原市娄睿墓出土北齐莲瓣纹釉陶灯,上中部为忍冬图案,底部饰仰莲,工艺精湛。

北魏后期,中国北部的莲花图案多受云冈莲花纹"平城模式"的影响,在其简洁朴拙的造型基础上不断丰富发展,样式特点呈单独或连续排列,采用单、双线,以正视构图或侧莲叶表现莲花纹;莲花中心多饰有凸起的圆形莲蓬,宽肥的莲瓣,宝装或素面,一层或多层向四周伸展,似莲花盛开;相邻莲瓣的间隙中又伸出莲瓣叠压于下层,莲心饱满,有浓郁的装饰意趣。

(2)隋唐时期内涵丰富、造型多样的莲纹时代。隋唐文化繁荣,佛教发展平稳,莲花仍是佛教装饰艺术中的重要题材。隋代石窟莲花藻井图案不再为斗四式,井心宽阔,布局自由,中心垂莲丰满,出现多重花瓣,中央有莲蓬与莲子,结构复杂、层次丰富。隋代莲花纹除作为佛教装饰外,在铜镜、石刻、陶瓷、金银器、刺绣等的装饰工艺中也很流行,此时盘边缘多饰富丽的莲瓣纹及色彩明丽的宝相花纹,具有独特的时代特征。如 1964 年,江苏建湖出土隋代青釉莲瓣四系罐,腹部雕塑一圈仰莲瓣,莲瓣上饰以点线连接的圆珠纹;1973 年,安徽合肥市西郊砖石墓出土隋代青釉覆莲纹盘口壶,壶的上中腹刻划 3 道连续的覆莲纹,规整美观。

唐代的莲花图像装饰性强,造型更加丰富,并开启了以植物纹样为主的发展道路。唐代因借鉴金属珠宝的镶嵌技术,设计出新的莲花图案。由莲花纹的演变,创造出由莲花、牡丹及石榴、葡萄等果实相结合的宝相花纹,莲蓬、莲子消失,雍容富丽的莲花纹饰成为唐代装饰图案的典型代表。唐代宝相花纹,早期样式夸张、精致细密,后期清淡柔和、简洁流畅。如唐大明宫遗址出土一块莲花纹模制实心地砖,由内而外分别圈饰莲花纹、葡萄蔓枝叶纹、联珠纹及卷曲的蔓叶,富丽华美、自由豪放。唐代将莲花之美尽情展现在以陶瓷器、青铜器以及壁画为载体的装饰领域中,为莲花造型艺术提供广阔的创造空间,使中国莲花纹的文化内涵及表现形式更加丰富多彩,具有更高的艺术价值。

(3)宋以后莲花纹样装饰地位及功能转向。宋以后随着佛教在中国的发展日趋落寞,莲花纹逐渐丧失意义,而当时繁荣的商业和手工业为莲花纹的应用开辟了空间,莲花纹饰便与中国传统文化艺术相融合并得到长足发展,在建筑、石刻、织绣、陶瓷工艺等的装饰中广泛使用。

宋初陶瓷中的莲瓣装饰肥厚浑润,有圆头、尖头、单勾线和双勾线等多种形式,还创造出颇似菊花的长条状莲瓣纹,而这种莲瓣纹在云冈早期侧叶莲花的素面条状莲瓣装饰中早有表现,异域之风明显,通常装饰于器物的颈、肩及胫部。南宋时清瘦秀丽,大莲瓣间夹小莲瓣,器物肩部及胫部多饰上下相对的仰覆莲瓣纹。此时期除传统二方连续"并蒂(莲)同心"的缠枝莲纹外,还出现将莲花、荷叶、莲心及花苞用锦带相连而组成的"一把莲""二把莲"、折枝莲、缠枝莲、莲池游鱼等花中套花、叶中套花或与动物纹样相组合的花纹形式,常饰于瓷器的腹部与足部之间,是仰覆莲纹的变形。金墓中的莲花纹砖雕也较为常见,如金代兰州榆中连搭乡墓中的持荷童子图,童子手持莲花侧卧于莲叶之上,可以看出莲花纹生活气息浓厚,而渐渐脱离了佛教的影响,人们常称为"连(莲)生贵子",表达着一种朴实、祥和的民族传统文化心理。

元代莲瓣纹肥大,瓣间留有空隙,瓣中绘杂宝,极富民间色彩。佛教寺庙中的八装饰纹样成为工艺品装饰中极为普遍的题材,如北京故宫博物院所藏元代青花釉里红盖罐，莲花纹饰出现了夸张变形，罐肩部饰倒垂宝相花，自由舒展，少了佛教的神秘庄严。

明清时期，随着民族经济的发展，世俗文化倾向明显，莲花纹不再作为装饰的主流，组合式装饰纹样丰富多彩。明代莲瓣较宽大，排列渐紧，花瓣间空隙渐小，至明末，莲瓣完全连在一起；清代莲瓣纹更显图案化，通过借用及组合形式，强化了装饰情趣，如莲花、宝瓶、宝伞等组成佛教供器"八吉祥"，与葫芦、团扇、宝剑等组成"道八宝"。莲花图案的演变逐渐抽象化，早期佛教艺术中庄严神圣的意味已日趋淡化。

莲花作为装饰题材，在我国纹样史上占据重要地位并且拥有悠久的历史。由于异域佛教的传入及民族传统文化的影响，每个时期的莲花纹有着各自的面貌和特点，而云冈石窟在异域莲花纹与传统文化间的碰撞融合中，逐渐形成具有独特风格的云冈莲花造型模式，借助北魏政治及佛教影响力将其推广应用，在异域莲纹"中国化"过程中形成造型多样、内涵丰富的云冈莲花雕刻形式，并成为后代莲纹装饰范本而不断演化发展，经过历代承袭和创新逐渐形成有中国特色的莲花纹装饰系统，在石窟、墓葬、石刻、壁画、陶瓷、铜器、玉器、木雕、金银器、刺绣等的装饰工艺中呈现出丰富的变化并得到广泛应用。

第二节　云冈石窟中的忍冬纹装饰图案

一、忍冬纹概述

忍冬纹，最早名称起源于日本，后传到中国后一直沿用至今，日本的忍冬纹与中国的忍冬纹在植物的形状特征上还是有区别的。早期的中国就有了一些关于药材科目的名著，如《本草纲目》和《农政全书》。《救荒本草》一书中就曾有记载，忍冬是一种藤生而对节再出叶的药草。其花长瓣垂须，黄白相半，是一种蔓生植物，因而得名"金银花""金银藤"，通称卷草。又因其为多年生半常绿灌木，枝叶缠绕，忍历严寒而不凋萎，凌冬不凋，故有忍冬之称。三四月开花，气甚芬芳。此花在初开的时候，其蕊瓣上都呈白色，经过两天或三天的时间就会变黄色，这时它的叶片有新有旧，互相交叉，黄白相衬，所以它还被称作"金银花"。它是一种多年生长半常绿的缱绻缠绕的灌木植物，在茎枝上长有叶片，又叫做忍冬藤，有入药的价值，还可以作为观赏植物，在中国大部分地区多有分布。

如果去追根溯源，印度佛教装饰中所使用的这种主题花纹最早由古希腊传入的。曾有资料记载，早期古希腊的建筑风格和陶器工艺品等的装饰中已经出现过忍冬纹的纹样并以其为主要植物类装饰图案。

古希腊文化并不局限于爱琴海沿岸，随着亚历山大大帝的东征，主流希腊文化在二三世纪最远已经传播到了阿富汗西部，这一地区被称作"巴克特里亚王国"，然后途经"丝绸之路"转而传入中国，再后来在中国兴起并南传到了印度。中国的从印度传入的佛教文化中很大程度上已经融合了古希腊文化元素在里面，较为突出的是佛像造像的技术和雕塑艺术相互融合，它的人身佛像造像技术是在希腊文化雕塑技术中提炼出来的。而在此之前的佛教主要是以植物造型作为崇拜的象征物，如菩提树，这又与简单的图腾崇拜比较接近，之后才有了诸如佛像、佛身之类的具象化表达。

忍冬纹最早在古希腊被广泛应用，一般都用在建筑设计的装饰上面，而希腊、意大利等国正是这种草的产地，它们也自然成为当地的特产。其生活习性较为特殊，一般在其他草木都已进入凋零状态的严冬，忍冬草却生长得特别苗壮和茂盛。凌冬不败的忍冬草郁郁葱葱，给人们带来了一些生机勃勃的向往和美好情怀，同时又以顽强的生命力出现并被赋予一定的象征意义，受到欧洲大陆人（如希腊人和罗马人）的喜爱。古时候的希腊人是勇敢的民族，他们的文化里追求一种高昂勇敢不屈的英雄主义精神，这与忍冬草在某种自然状态上比较接近，这也是他们为什么能够希望自己如忍冬草一样，不但健康壮硕，还具有顽强不屈的生命力，这样的精神逐渐形成和传播并被喜爱，而后世就把忍冬草这种代表精神力量的装饰纹样采用到了各种装饰中。

在中国，忍冬纹出现的时间是在东汉末期，它是南北朝时期纹饰文化里最为流行的一种植物纹样。在魏晋南北朝时期，社会动荡，战争不断，人口迁移频繁造成了南北地域之间的走向对流，使得民族与民族间的文化交流日益增多。"丝绸之路"的开通使中国与周边地区、中国与域外各国建立了较为广泛的联系，为亚洲、欧洲、北非间的文化交流沟通提供了平台。

随着各地区文化交流的不断增加，人们对美的认识也在提高，尤其是带有装饰性的纹样，开始慢慢在世界各地开始流传，在传播过程中也将不同民族、地域文化吸收，以视觉语言形式融入纹样中，并得到了人们的认可及广泛地运用，常常用于"绘"与"雕"的艺术品装饰方面。传统的忍冬纹是西方植物装饰造型经过与中国传统艺术的相互有机结合，通过不同地域文化的塑造和熏陶而出现的。今天我们所见到的"忍冬纹"在古代文明之路上由各种不同文化交汇和传播而成，它的形成经历了各种文化的融合、改进和创新，最终演变成今天所见的花纹样式。

二、云冈石窟中的忍冬纹

北魏时期，忍冬纹被广泛应用到各种装饰艺术上，已经成为当时装饰题材的一大特点，比如，采用多种忍冬纹作为边饰应用于各种图案的装饰上。这些纹样在相互组合中产生出协调而又统一的美学效果，这一时期，三叶型的忍冬纹以最基本的单元格式出现并被应用，其主体结构线一般会产生多种变化。这样就使忍冬纹的应用体现出了灵活变化的特性，根据这一特性，忍冬纹常被应用在器物、墓室和石窟寺建筑墙壁、壁画和纺织品等的装饰上，对后来相同题材的装饰图案产生了巨大的影响。

（一）云冈石窟中忍冬纹的特点

1.早期石窟的忍冬纹

昙曜五窟开凿于公元460—465年，是早期云冈石窟的巅峰之作，它位于石窟西部第16窟到第20窟，是云冈石窟第一期的工程。石窟以穹隆式屋顶结构和马蹄形平面结构的形式建造，鲜卑人开凿早期石窟的艺术风格从造像上看主要源于秣菟罗艺术和犍陀罗艺术，以浮雕表现形式居多；在雕刻技艺上，对纹饰的雕刻沿用古希腊、罗马的艺术技巧和艺术形式，并在此技艺的基础上融入了民族精华对纹样进行修饰和变形，创作出新型的雕刻艺术。云冈石窟构造从布局上来看，其设计严谨而统一，中华民族传统艺术的精华都在雕刻艺术特点风格上体现出来，造像雕刻线条粗犷，给人带来一种庄严、慈悲的精神风貌。

在早期和中期的石窟中，单列忍冬纹出现得比较普遍，常以单体叶角方向统一向上（或向下）排列而成的纹饰出现。而早期云冈石窟关于忍冬纹的雕刻类型比较少，雕刻样式较为复杂。忍冬纹样在早期主要以单列对称式和组合对称式作为装饰纹样出现在主佛像的衣饰边缘和菩萨的头光外周及菩萨花冠上。

2. 中期石窟的忍冬纹

云冈石窟到了中期主要发展出了第1、2、5、6、7、8、9、10、11、12、13窟和没有完工的第3窟，继续保持着规模巨大的特点。随着汉化趋势发展迅速，在雕刻技艺上注重细节，中期石窟比早期石窟更加华丽、气派，在设计的风格上又添加了一些佛传经典故事、僧侣生活故事、诗经画面和佛家因缘故事等，石窟内容变得更加丰富精彩。这些大量的佛传故事主要以浮雕的形式雕刻在窟内的石壁上，工匠们通过故事的发展进行巧妙的分层、分块，整齐而又有连续性地雕刻在石壁中。

在云冈石窟，无论是造像中的衣纹、肉髻，还是石窟建筑细节，都有其特定的形式纹样。装饰图案都以几何纹样、动物纹样和植物纹样等雕刻样式出现，融合了印度、中亚、西域等地区的佛教文化和艺术风格，通过与当时社会的巧妙结合，使得石窟在雕刻艺术中有了一种独特的艺术特色，完美统一。中期的石窟雕刻主要着重于细节的填充，除了内容与早期石窟相比更为丰富以外，在石窟细节的雕刻中，无论是佛像、石窟建筑，还是佛传内容，都添加了不少装饰纹样，使得佛像更加庄严、故事内容更加形象深刻和石窟建筑更加辉煌。

云冈石窟中期，随着雕刻技艺的发展，石窟的雕刻与早期相比，在壮观、宏伟的同时，对细节的雕刻更加明显，在雕刻题材上更加丰富，工匠们注重雕琢细腻且精致。忍冬纹是石窟装饰中应用最广的装饰植物纹样，在这一时期，它的雕刻造型与早期相比，线条更为流畅、简练，而在类型上变化多样、种类繁多，如单列并列式忍冬纹、波状形式忍冬纹、环状形式忍冬纹和龟甲形式忍冬纹等。雕刻出现的位置也比早期应用更为广泛，除了佛像装饰带以外，在门拱、门楣、明窗、窟壁、窟顶、门柱、中心柱、佛龛柱廊、拱柱以及龛额格内等位置也有出现。这使得中期的云冈石窟更加华丽、恢宏，体现出皇家风范。

3. 晚期石窟的忍冬纹

晚期的云冈石窟雕刻与早期石窟及中期石窟相比，风格比较明显。首先，从建造规模上看，晚期石窟比早期、中期石窟建造规模缩小，从大型石窟演变成中小型石窟；其次，在雕刻表现手法上，早期和中期石窟注重细节装饰，每一处都显得十分华丽、精致，但晚期石窟将忍冬纹雕刻装饰简单化，从以前的皇室奢华风格变为朴素之风，亲民化和世俗化更加鲜明。

（二）云冈石窟中忍冬纹的装饰位置

作为建筑壁面装饰图案，除了莲花纹样广泛使用以外，常见的就属忍冬纹，因其有着特别的象征意义，它的采用与佛教的存在密切关系，忍冬纹在石窟建筑壁面中的各个部位都被广泛地应用。

1. 石窟龛楣中的忍冬纹

从龛楣的装饰来看，忍冬纹在其装饰特点的体现上产生重要作用。佛龛作为一种开凿于石窟壁上的单元空间，以忍冬纹装饰菩萨造像和供奉佛。且多数佛龛的外围上面呈现出弓形尖帽形状的凸起部分，用来装饰在石窟的壁面上，上面常有彩绘图案或平滑的浮雕来进行装饰。

龛楣在石窟中早期一般都形式多样且特色鲜明。其中当属尖拱龛的龛楣样式最具有典型代表性，而忍冬纹则常以翻卷形态出现又常被用于龛楣两头下方的位置。龛楣最顶端的地方靠下面部位的装饰都以忍冬纹为主，而贯穿于中间的不外乎一些莲花、童子、禽鸟或伎乐天人等内容的图案。这种布局把含有寓意的装饰纹样与内容形象进行了无违和感的统一处理。另外，龛楣中间装饰有缱绻缠绕的枝状忍冬纹，它们簇成一体，构成的忍冬花丛纵横交错、错落有致，中间以对称的装饰处理，在统一中寻多变，带有抽象艺术的美感，是纹饰中具有典型特色的上乘佳作。

2. 石窟顶部的忍冬纹

作为装饰的图案的忍冬纹还大量被应用到石窟建筑的顶部装饰位置，如藻井、人字披和平棋。平棋在建筑上又被称作天花，样式近似于藻井，其结构如方格状，形状如同棋盘，常以一种连续排列构成单元方格的形式出现于装饰图案上。其主要布局于以中心柱为轴心的窟顶四边位置，每个格里的装饰主要采用四方形套叠式的布局结构。内设有以莲花为中心的主要内容，忍冬纹则从四周开始一层层地向外铺展作花边纹饰，这样的结合使得顶部装饰更具有层次感，另外，布局中还对每个岔角处进行设计，设计走向灵巧多变。常被用到的纹饰有忍冬纹和飞天伎乐、火焰和莲花纹等。

藻井指的是做成上隆如井状的方形、多边形或圆形凹面的形状，并在其周围饰以各种花藻井纹以及彩绘雕刻各种纹饰的一种结构和装饰，经常在宫殿位置、寺庙里的宝座部分及佛坛上方可以看到。通常木质藻井都以抹角处的叠木为结构，并将彩色的藻纹覆盖在叠木上。早期敦煌莫高窟窟形本以"中心塔柱"形式出现，而到了北魏后逐渐变成了"覆斗"形式，在窟顶部分中心位置上还有一个方形的部分，上面绘有藻井的图案，一般在主体佛像或宝座的顶部，形如"伞"状，又似"盖"状，能够给人以威严庄重、高远深邃的视觉感受，为整个建筑风格和表现寓意衬托出一种既肃穆又神秘的气息。藻井装饰以内容丰富和绘制精细见长，可以在不同年代展示当时的民族风格和装饰文化。

藻井装饰早期结构与平棋近似且以层层的套叠"四斗式"出现，外表方而内部为圆，中心处放置有睡莲图案，外围的边框上常装饰有各种植物花卉图案，忍冬纹也包括在内。而其连续性的岔角处还装饰以莲花、飞天、忍冬和火焰等。每一层装饰中的忍冬纹特点各异且简洁朴实，也有豪放自由的，设计者力求在这样一个布局中体现出统一中有变化的装饰美学。

人字披，顾名思义是石窟寺中仿木结构的屋顶建筑形式之一，指石窟顶端的脊部处凸起成为"人"形结构的斜坡状建筑物，两边的坡上有椽挡呈平行排列，相邻两椽挡间留有矩形的空间，空间内装饰以各式各样的人字披造型图案。

常见的类型不仅有动物神话类，还有植物花卉类，当然包括莲花、忍冬之类。忍冬纹以单独纹样形式在人字披建筑上被大量运用，因其变化丰富和视觉上的流动感等特点，石窟图案的边饰上也会通常用忍冬纹来装饰，这类忍冬纹以带状连续纹样形式出现，多用于分界，其节奏反复具有一定规律性。这样的边饰装饰效果突出体现了石窟中最具形式美的部分，对比其他种类的纹饰，以数量居多和变化丰富成为一大亮点。

例如，作为一种边饰在石窟中被大量使用的忍冬纹又常见于石窟壁面分层与佛龛须弥座、拱门等载体的边缘，以自然有序之纹样构成了统一求变的风格。在纹饰中的边饰作用主要是对不同壁画内容之间进行分界，常用于石窟中的龛楣和龛边上。当然，在建筑中作为边饰之用的还不仅是这些地方，如在石窟里的壁画与石窟顶部的交界处、藻井上的图案、明窗的外边框上、外门框上、外门楣上以及莲座台上和圆光上等都有大量的运用。分析其纹样特点主要是小图案的连续排列，可长可短且可以随意截取和任意延长，体现出较大的自由性，即便不被当作二方连续排列的自由边饰也可以给人以完整统一且无限连续的视觉映像。

3. 石窟边饰上的忍冬纹

早期石窟中就已出现了忍冬、莲花题材为主的边饰，它们常伴以鸟兽和佛等一些动植物、佛教宗义类的内容出现。从边饰的结构上来分析，其主要是以二方连续的单位为主的样式布局。这种风格曾来源于国外，云冈石窟中的一些图案的边饰中可见类似风格。

到了石窟中期之后，这种变化就有了"中国化"民族文化的发展趋向。这一时期中最常见的就是波形缠枝纹结构的忍冬纹，它一改早期形式规整又纹体严谨的风格，以飘逸流畅为主，或化身为童子嵌入忍冬和莲花之中，使整体艺术风格丰富多彩又独具特色，带给人美好的艺术享受和对全新艺术时代到来的憧憬向往。另外需要提到的是，忍冬纹在石窟中的应用除上述之外还包括佛柱、头光及背光的装饰等其他地方。

（三）云冈石窟中忍冬纹的装饰样式

云冈石窟中忍冬纹主要以装饰图案出现，在石窟装饰中以植物花卉为主题的装饰较为普遍，忍冬纹主要以翻卷状侧面三叶样式的纹样或波状结构的连续形式出现并较为广泛地应用。与其他纹饰相比，忍冬纹样包括有横向式忍冬纹、纵向式忍冬纹和组合式忍冬纹三大类。

忍冬纹依其不同变化的形态和格式可划为三种——单独类样式、适合类样式和二方连续样式，在此基础上还有不同变化的样式。其主要以单元排列忍冬纹、波状忍冬纹、环形忍冬纹、龟甲纹状忍冬纹、加饰套圭的环形忍冬纹和缠枝填饰人形或动物形忍冬纹这六种表现形式出现，以浮雕雕刻出现在门拱、门楣、明窗、窟壁、窟顶、中心柱、佛像装饰纹、佛龛柱廊、拱柱以及龛额格内等位置。

（四）云冈石窟中忍冬纹的创作技法

云冈石窟中的忍冬纹的创作技法基本是蜿蜒伸展和回旋渐入。忍冬纹的创作主要有两点，一是以蜿蜒的运动方式展开；二是在蜿蜒形成的主干上以涡旋的运动来结束。

当蜿蜒的运动轨迹趋于自然的状态时，其实际遵循的是一种特别自然、特别高效的能量延伸分布。一般在自然的状态下，可以见到，无论是气态物质，还是河流溪水，再或者是自然生长出来的植物枝叶、藤蔓，都以这种形态进行运动。这种弯弯曲曲地延伸出来的运动轨迹会在一个空间内或大或小、或粗或细地进行往返迂回，并按照空间的指派进行规律性的分布。一般的旋涡或蜿蜒的状态都有规律可循，或者按照一定的角度进行扩展。这种以自然的伸展形态进行运动的模式有其独特性和局限性。它的独特性在于其蜿蜒摇摆的同时，会使内壁保持一定平衡性和稳定性，相对于这种独特的性质，以涡旋进行的伸展模式则是以围绕中心的一个点，逐渐展开自由扩展但始终做轴心运动的，由大变小的简单运动。

石窟中的传统样式的忍冬纹，其实就是以一条可以持续进行蛇行的"S"状的主线，可以在主线中间隔合适的一个点上逐渐进行"C"状的分离运动，并以平面内角螺旋的模式进行回转渐灭。螺旋回转的末端再以形状各异、内容丰富、寓意不凡的花卉、叶瓣、花蕊之类进行装饰点缀，最终形成一个近似植物藤蔓生长的图案，达到神形兼似的效果。它一方面可以独立存在于空间，另一方面又以单元格式为个体，可以连续或对称地出现。它以服务整个图案为基本，产生整体上的视觉审美效果，是一种比较适合辅助烘托主题图案效果的装饰。

还有一些简单的忍冬纹因为融合了与其相近的云气纹的形式而产生更多不同的特性，不但具有蜿蜒旋绕的花叶枝蔓的形态，更透出了吉祥如意的祥云之气，在辅佐佛教类型的图案上，显得合情合理，浑然一体。这也是忍冬纹为什么能在众多植物纹饰中脱颖而出，成为中华佛教图案装饰中最受青睐也最有特色的一种纹样。

三、忍冬纹的创新及其应用

（一）忍冬纹纹样方面的创新

如何把现代西方时尚元素和中国风元素有机结合起来，既不失传统的韵味，还有新鲜感？这是当前设计界需要面对的一个重要课题。设计是艺术与科学技术以及文化传承与发展所结合的产物，而设计创造则必须依托于文化，且有一定的民族性。设计的创造如果能够依托于原有的传统文化元素，就会最大程度地展现出其创意魅力，才能创造富有本民族特色的艺术美感。根据这一观点，结合忍冬纹在文化传承上本身就具有的东西融合的特色品质，对现代装饰载体应用忍冬纹并加以创新应用方面进行研究和分析。

1. 单独样式方面的创新

以往的忍冬纹单独类型样式主要指的是一个没有限制的固定轮廓的样式，既能与周围纹样区分开，也能单独存在并具有完整性的装饰作用，还可以根据叶片之间的对称配置要求来划分出不同类型。

（1）对称形态下的样式，其重要特征就是由三、五片或更多奇数片的纹样组成，以主藤为中界限进行对称区分，结构比较平和，富有较为厚重的装饰感。主要出现于墓葬中的载体上，注入瓷器、棺木一侧或墓门的门面上，在石窟类的雕刻上常见于造像背面、佛像台座正面位置。在云冈石窟雕刻的早期窟顶的雕饰上也可以看到。

（2）自由形式的纹样，主要特征是主藤呈现出自由弯曲状态时，其造型随之产生变化。有时虽只体现于单个叶片上，但这样的叶片纹样往往具有多样变化性，使得构图也产生了相应变化，进而让画面更加生动活泼，具有灵性美，而这样的变化建立在掌握视觉效果重心平衡的基础上，纹理走样的任意变化为整体构图营造出稳定和平的画面。

对于上述第二种的自由式的忍冬纹样可加以创新的地方主要是以自由式纹样的一端为主辐射点位置"再生"一条副蔓，进行以轴心为点的对称性延伸或复制，形成新的连续性图案。

2.适合样式方面的创新

适合样式没有固定样式要求，一般根据图案的表达内容在轮廓内规划出纹样主体走势框架，并进行纹样的配置。一般都是专门根据外形需要而进行设计的纹样，包括圆形、方形等几何图案形状。要求配置的纹样形状与外轮廓在视觉上不显突兀，达到构图稳定，走势吻合，如把边框则仍以镂空体表现明显的界线。边框内的纹样可以用单一的形象，也可以由多种形象组合而成，创新适合的样式为以下三种。

（1）角隅适合样式创新。此种样式主要应用于边角位置的装饰，当主藤呈现短而直的情况时，叶片所依边角的位置上纹样装饰会产生变化，一般情况下四边角都用相同的纹样装饰。如云冈石窟第 10 窟的中后室所在位置的朝南壁面三层西侧的龛楣处以及龙门石窟宾阳洞的地面边角上的位置等。对其的创新设计可以借鉴填补空白之法，对角隅间的空白地方加以细叶弯曲状态的填充，使得图案整体饱满充盈。

（2）方形适合样式创新。常见形态的主藤较短，生成的叶片成对状，并依边框而齐，构成适合样式，这种样式有一定的局限性。如云冈石窟第 9 窟中盏形帷幕龛楣内，以及出土的北齐时期鸡首壶肩部纹饰。对其的创新方式可以在原有的基础上稍加改进，即在方形边框内添置传统的忍冬纹枝蔓图案，且根据边框的大小要求进行裁切或加宽加长设计，对大面积的几何形载体具有极强的适用功能。

（3）环形适合样式创新。常见的形态为主藤构成了一个封闭式的圆形图案，叶片放射性地排列在主藤向外的一侧边，叶片细长而卷曲。常见于北魏各种圆形结构的瓦片上。对其的创新方式可运用常见的忍冬纹枝蔓带的叠加效果，主要是用五条忍冬纹带上下组成的圆形图案叠加到环形的忍冬纹封闭样式之上，形成纹理背景的深浅色隔断背景，在此基础上叠加三叶瓣的忍冬纹样，使其更加错落有致，具有深邃的空间感，形成了另一种风格的忍冬纹装饰图案。

3. 二方连续样式方面的创新

传统的二方连续是以一个相对完整的纹样为单位，向左右方向或上下方向连接复制且逐渐延伸成为一条无限带状的纹样。以忍冬纹主藤上的左右两边的分支回旋为基础的带状二方连续样式分为 5 个不同类型：二方连续波状纹样式、二方连续单列纹样式、二方连续桃形纹样式、二方连续缠枝纹样式和二方连续龟甲形样式。可以以上述 5 种类型为基本样式，根据枝干的长度和曲折形态、叶片数量、相反方向或颠倒的叶序进行排列，或者在组织方式上进行平面排列和复杂的重叠穿绕等不同变化，从中继续细化分支样式。二方连续的忍冬纹形态变化具有连续性。基本上以接踵而至呈现，以逐渐消失结尾，变化非常丰富且特点鲜明。主要创新如下。

（1）二方连续波状纹样式创新，主要特征是主藤有较为明显的水波纹状，并以此状作为主干，两边分别分支出叶片，或从一侧分支出枝干。依叶面的特点还可以分出很多样式，这种样式应用年代久远，范围广泛，在整个北魏时期的石窟和墓葬中可常见到。下文将以云冈石窟为例，列举一些样式分布情况。以此纹样为基础的创新可将叶瓣呈放射性排列，从主藤的外侧进行规则排序，叶片也调节为狭窄而细长，并形成一个新的图形。

波状样式 A 可见于云冈第 9 窟前室内西面壁第二层的坐北朝向一侧佛龛须弥

座的边饰上。主要的呈现特征是，主藤波状弯曲程度较大，两边分支出一片或两片叶瓣，叶瓣的朝向并不相同，其中有叶尖朝上的，也有朝下的，整体看正好形成一组一正一反构成的连续排列的二方连续纹带。纹样以方向运用为奇妙之处，简单干练，节奏轻盈。这样的纹带还可见于云冈石窟第9窟和第10窟窟壁分层处的边饰上以及第6窟的华盖中间装饰处，还可见于石窟的平棋顶位置和窟顶的藻井处。陕西一县出土的佛教造像碑座和龛下也曾见过此纹样。对于此类纹样的创新可进行波状样式复制延续并于两侧多分支出一些小枝叶形成新图形，也可以通过单独纹样的复制与组合形成一个其他形状的图案存在于波状样式上。

波状样式B可见于云冈石窟第8窟的后室朝东壁面上第三层的分层边饰上。其变化为主藤波状弯曲幅度比"样式一"小，每个波段内都从主藤向左边一侧或右边一侧的地方支出一组叶瓣。经常可见三片叶瓣为一组，偶然也有四到六片一组的现象。叶瓣的弯曲舒卷比较自由。可见于云冈石窟的第7窟和第8窟的窟壁分层处的边饰上。另外在第9窟的前室朝北壁面第三层的方形塔体上部，以及第9窟的后室西南两壁面第四层的佛龛柱上都可以看到。而其他地方如敦煌石窟、龙门莲花洞造像装饰以及安阳石棺边饰等也都会看到。这种纹样是北魏期间主要流行样式之一。上述波状样式二的创新点为可以借用无边框图形处理的方式，把边框去掉，让枝蔓纹样自由地伸展出来，但要注意其均衡性的特点，整个设计注重自然和谐，没有违和感，一般多用于浮雕效果，更显雕刻艺术之巧妙。

波状样式C是云冈石窟第6窟的中心塔体柱子的朝南方向下层佛龛底座边饰的常见样式。主要的特点是主藤的波形弯曲度近似于"样式二"，分支出的支藤却近似于"样式一"，构成了"样式一"和"样式二"的复合式演变，在统一中形成了变化。对于波状样式三的创新应着重在构图上，尽量以主藤的连续延伸为骨架，进行波形延伸，中间呈波浪形的对叶分支层出不穷，体现忍冬纹饰的厚重感，并辅以色调对比上的渲染效果，形成明暗交错，体现空间感和时尚感。

波状样式D体现在云冈石窟的第12窟前室的朝北方向壁面明窗斜面部分上

的纹饰上。主要特点是从波形弯曲的主藤支出了对称的双组叶片，分支端的朝向向主藤回卷。卷叶分支自由卷曲，松散呈现，变化多样，形成了趣味性的花朵状。该样式还见于敦煌石窟中的一些平棋顶上的间隔处，而叶片的变化为头部稍圆有变。对于此类波状样式四的忍冬纹样式的创新可以设计在主藤的伸展和连接处，以环锁的设计方式进行对接，形成 2 个图案组合的单元格式延续伸展；在纹理的背景中，以较为细小的颗粒衬托主要花纹的样式，使其区别于其他类型的纹样，成为比较独特的圆形叶片连锁形的纹饰图案，可应用于内嵌式浮雕建筑。

（2）二方连续单列纹样式，单列纹样式的主要特点是对以三四片叶为一组的单元纹样进行重复排列，使其可演变出多种样式。主要在云冈石窟第 8 窟的后室位置朝东方向壁面上的第二层分层处边饰上可见到。其主要的特点是以单的三叶瓣形态为基本的单元格式排列顺序，朝左或右侧的方位进行重复性斜向排列，叶瓣呈现肥硕状。常见于云冈石窟的第 7 窟和第 8 窟的窟壁分层位置的边饰上。同时在第 9 窟和第 10 窟的前室朝北壁面佛龛须弥座台基上和龙门莲花洞的窟顶藻井处作为边饰出现。此类二方连续单列纹样式的应用创新主要是加上了海浪纹的装饰在龛楣下方连接的位置，呈半围栏状，为较为单薄的龛楣增加了厚重感。

（3）二方连续桃形纹样式，桃形纹样式的主要特点是以一种形象类似于桃子状的纹样为基本的单元格式，并联结为两方连续纹样形式。有套索花纹贯穿于两个单元格的交接处，有些交接处的夹角上还覆有小叶片纹样，有些则在连成的藤环内配置了人物和飞天等图案内容。变化还可分为多种样式，图形流行时间相对较早远。桃纹的基本样式大同小异，都以桃形的纹样出现，因此在创新的技法上可以进行夸张的变形表现，当然还需结合主要题材和表现内涵来定。

桃形纹样式 A 是云冈石窟第 9 窟前室朝北的中部门楣第二层的边饰和前室朝北壁面的第三层的东西两侧的佛龛须弥座台基边饰的常见样式。主要特点是由一支主藤伸出后缠绕缱绻形成桃子的形状来当作一个单元纹样，接着又从藤环伸出大小各异或左右对称的三叶瓣（偶尔可见对称的四叶瓣），有的则从左右对称的三或四叶瓣的中间位置上再分支出一叶状或三叶状纹理来。单元纹理的相交处以套索连接住，在夹角处装饰有一或三片的奇数叶瓣。这种纹样常见于云冈石窟的第9和第10窟前室的朝北壁面中部的门楣第二层的边饰部分和前室朝北壁面第三层的东西两侧佛龛须弥座台基边饰上，以及云冈第10窟的前室朝东或朝西的壁面第二层北侧华盖龛的第二层边饰上。

　　桃形纹样式B是云冈石窟第6窟窟壁和第9窟的前室处朝北方向的壁面上中部门楣第一层处的常见装饰。主要特点是两条主藤以相交的形式出现，在形成的样式上比"桃形样式一"的桃形藤多出了一个分支藤，在层次上更显丰富。桃形分支藤中支出一个左右对称的三叶瓣的样式纹，这个纹样在弯曲后继续延长出四叶瓣的忍冬纹样。有的与博山炉和飞天等相互组合一起，并在装饰中有折藤，相交的环境内装饰有叶片。常见于云冈石窟第9窟和第10窟的门楣上面。对于二方连续桃纹的创新主要是纹饰的变形，尽量在设计中结合多种几何元素形成不拘一格的表现形式，可以体现出现代感。

　　（4）二方连续缠枝纹样式，缠枝纹样式主要特点是主藤以水波纹状出现，波幅较大并相互交缠，有的和云纹、宝相莲花以及伎乐童子等组合一起。对于二方连续缠枝纹样式的创新应着力在纹理的对称性中寻求不完全统一性，包括主藤花卉及分支叶片在形态和纹理不同的类型中可以穿插应用，体现出整体纹样不拘一格的变化和灵动性。

　　缠枝纹样式A以云冈第9窟的前室朝北壁面的第二层东西两侧的佛龛交足菩萨龛柱上的纹饰为常见。双波纹线的主藤近似于"波状纹样式一"和"波状纹样式二"，呈相向的对称形式的波纹相互缠绕，构成了以椭圆形状为一个单元格式的纹饰，两个如上的单元纹饰交接处都有套索，在内对称配置有叶片。有的是一片叶瓣，有的以三叶瓣样式为一组，其中一个长形的叶瓣呈现弯曲卷起状，在弯曲处再支出一个小叶瓣；有的是三叶瓣的地方继续支出一个小的三叶瓣。另有以与莲花及伎乐童子等图案相组合的形式出现的，变化自然，形态丰富，多见于早期的样式中。如云冈石窟第 10 窟前室的朝西壁面第三层的佛龛柱装饰，呈现为两根主藤，它们的波动和弯曲幅度相对比较大，两侧分支出一片或两片的叶瓣，藤蔓相交处的装饰有一片尖尖叶瓣，这种变化正好是由"波状纹样式一"变化而来的。这也在其他地方也可见，如北齐徐显秀墓门框边饰处。缠枝样式一的创新变化还可以存在于与其他图案的组合应用中，可以结合现代元素素材填白应用，提升整体纹样的现代感。

　　缠枝纹样式 B 以云冈石窟第 13 窟天井装饰为常见。主要特点是一条呈现波动弯曲状的主藤分支出小藤支，并以自由的形式呈多变样式的叶瓣勾缠藤蔓，每个单元以纹样的上下倒置为特点，已经形成了一定的图案化趋势，属于复合型的缠枝纹样。常见于云冈石窟第 11 窟的朝南壁面第二层处朝西一侧的佛龛龛楣内的雕饰处以及第 12 窟后室朝南壁面的第三层的明窗四周的雕饰处等。缠枝样式二的创新变化应建立在主藤形态变化倒置穿插的特点上，并进行一定的形式衍变。

　　（5）二方连续龟甲形样式，龟甲形样式以圆形、椭圆形或多边形组成的几何形式的龟甲状为基本的图形架构，在每组龟甲的格中再配以忍冬纹样。常见于云冈石窟第 10 窟中的装饰纹样处，这种纹样就是以圆形、椭圆形或多边形组成的几何形的龟背纹为架构，可以任意拓展圆形或多边形等几何形，间隔、反复出现，而其中的装饰主要以花卉植物类为主，在视觉上给人一种相互间缱绻交错缠绕形成的繁华富有堂皇的感觉，并在相间的空白地方配以细小的叶纹。龟甲形样式内侧的装饰纹饰应基本以对称的三叶瓣花纹为主要装饰，叶片弯曲自由舒展，可以配上人物及动植物等其他纹饰。

　　二方连续龟甲纹样式的创新主要体现在龟甲中几何单元个体的变化上，以单独的小单元格式变形构成带状纹饰，中间可以夹杂一些传统的忍冬纹卷叶或分藤之类用以点缀纹饰，形成独有的圆中见方的传统特色鲜明的装饰纹样。

（二）忍冬纹与其他装饰纹样的组合创新

忍冬纹作为北魏时期的一种重要装饰纹样，除了以单独的形式出现以外，随着工匠对忍冬纹的技艺的不断流传，人们也越来越多地认识、熟知忍冬纹。忍冬纹在壁画、器物、石窟、石础、刺绣等载体上都体现出丰富的变化和不同的艺术效果，成为最佳的花纹装饰选择之一。人们的审美品位在不断地提高和成长，不再局限于一个形式的忍冬纹，开始在类型中寻求造型上的变化。设计者们先后尝试把它与另外一些不同类型、不同风格的纹样进行组合，甚至将在中国已经深受大众喜爱的传统元素融入了忍冬纹饰中，这些纹样经过不断地实践和沉淀，经过去糟求精的演变，最终为后世留下了丰富多彩的装饰纹样。其中常见的与忍冬纹相融合的纹样包括莲花、联珠纹饰和云纹、火焰、飞天等。而与联珠纹结合的样式是到目前为止最常见、使用率最多的组合。

1. 与联珠纹的组合创新

传统的联珠纹是曾盛行在隋唐时期的一种被频繁使用的纹饰，具有丝织纹样的特性，逐渐发展成为纹饰中的一个流派。从其字面可以理解，它由连续的圆珠构成，可以灵活地变化形状，时而呈条带状出现，主要以一颗颗珍珠均匀排列在主纹周围，一般常见的载体为丝织物，依附于主图案的边缘位置；时而将珠串衍化成菱格状，格子里填上动物、花卉等图案，最为常见的纹理搭配是将联珠纹形成边饰后围成珠圈形状，再以轴心运动开始环绕围起主体纹饰。联珠纹的纹样在历史上可以追溯到很早的时期，如原始时期比较多见的彩陶制品上和商周时代的青铜器制品上都曾出现过联珠纹样式，但这与后来隋唐时期盛行的联珠纹装饰在形态上有较大区别，后者应该是受到外来文化的影响而演变形成的。在目前的学术界，多数研究者认为它起源于波斯国。

本书所提到的联珠纹是经过演变后的常见纹饰，具体是指以小圆珠或小圆圈为单位，有组织、有秩序地进行连续排列，形成最终的构图。常见的联珠纹主要以辅助纹样或边饰纹样的形式出现，常与忍冬纹等纹样互相陪衬，相辅相成，相互作用，装饰于长方带状的图形表面上，如云冈石窟第 1 窟的主尊佛像的胸部上襟饰图。除此之外，它也应用在西魏的造像石碑碑额下面装饰处以及北齐时期的陶瓷制品、铜制品、侍女所穿的长裙和马鞍上的装饰位置；还应用在北周时期的墓门门扉、金耳坠的主题纹饰、波斯地毯边缘的装饰等位置。这里之所以大篇幅来介绍联珠纹的历史发展和主要应用环境，主要是因为它与忍冬纹之间存在很大联系。

本书根据目前设计者创新绘制的忍冬纹和联珠纹组合图案，将对忍冬纹与联珠纹两种纹样组合的应用情况及分类情况做如下解析。

第一种创新设计即作为一个单元形式出现的忍冬纹在和单元形式的联珠纹的间隔使用情况。在很多案例中，忍冬纹都以对称式单独纹样的形状出现，与变化丰富的联珠纹相结合，进化出一种圆中有方、方圆相衬、互相协调、相辅相成的完美组合形式，使整体图案呈现出一种变化而不失秩序，富丽雅致且兼具宁静安详的美妙感觉。这些组合搭配也进一步促使忍冬纹产生了更为丰富的变化，在一些可见的演变纹饰中，忍冬纹以曲卷起来的茎蔓与样式多变的旋涡叶瓣进一步繁衍出多种多样的纹样纹理，这种变化富有动感。

第二种创新设计主要是二方连续成形的忍冬纹与联珠纹达到近似平行的组合起来的方法。这种结合常用于边饰方面。在这种图案中，联珠纹虽然变化幅度不大，但在视觉上始终呈现出一种单纯干净的形象，其规律比较易懂，就是在一个单独的联珠纹内再添置一个由小圆形状组合起来的图案，整体上再变成有组织的单元纹样，使其看起来既不单调也不繁杂，非常适合作为边饰来应用，在表现上也比较简单清楚，同时也体现出了协调雅致的感觉，在组成的整体图案上给人以美的享受。

第三种创新设计主要是把龟甲形纹饰用作联珠纹带，再与忍冬纹相互套叠，最终形成了套叠式的组合。一般的创新素材可以用于刺绣或十字绣的边饰中。具体可以在图案上边先勾画出龟甲形状的联珠纹，在图案的下边呈现出忍冬纹，两种纹饰在一起相互套叠使用。相比较来看，两种纹饰的作用各有千秋，以联珠纹为主所组合出的图案在形式上可以营造出一种规律感和秩序感，而忍冬纹作为辅助纹出现，以丰富的变化和与联珠纹的相互影响展现出独特的价值，在视觉上给人以充盈富丽的效果。

第四种创新设计比较简单，就是忍冬纹与联珠纹两者的自由调配和组合。联珠纹与忍冬纹在共同呈现的形式上没有太大规律可循，可按照设计者的意愿来进行组合，因此，形成的风格也存在很多的可能性和变化性。例如，在载体上先规划出一圈或一排比较规范齐整的联珠纹样，在图案下面紧跟着设计出一圈对称形式的忍冬纹。一般在这个位置上的忍冬纹叶瓣宽大明显且呈卷曲舒展状，对比上边的联珠纹较小且规范的纹样可形成较大的反差效果，表面看似自由组合，但仍然未背离纹饰图案的美学法则。整体看来，纹样展开收放有致，动静结合，体现出了和谐之美和统一又不失自由的美学效果。

2. 与莲花纹的组合创新研究

莲花是在我国早期就深受大众喜欢并逐渐发展成为一种民间习俗的植物。根据有关记载，春秋战国时代的青铜器上就有以莲花为装饰的图案出现。同时也有关于大量采用莲花形象的砖瓦石刻图案的记载，可以看到，当时莲花成为主流审美纹饰图案。

魏晋南北朝时期，佛教教义中常常采用莲花来阐明佛理，使得莲花纹饰的创作更加频繁地出现在当时社会。莲花纹常见于石窟窟顶、窟壁上下及窟底和佛像背光内侧等地方，除此之外，还被采用在佛教石窟寺院里的装饰上，也有部分莲花纹被应用到了墓葬等地方。同样被重视的忍冬纹以主流装饰题材的身份得到了关注和大量采用。上述提到的这些地方还经常出现另一种纹样，那就是莲花纹与忍冬纹组合在一起的纹饰，这种纹饰形成了统一性较高且完整新颖的题材纹饰，被流传下来。

从纹饰的图案创新设计来看，与传统基本相近的地方就在于图案里的莲花常居于中心位置，而忍冬纹则以连续的方式成为辅助性枝蔓纹饰与其组合。其中可见的创新设计形式多样，有的突出主题花卉，有的突出枝叶的变化，一般主要可分为以下三类。

第一类是以中心图案上采用的莲花纹装饰作为主体纹样装饰，而把忍冬纹放置到了边饰的位置上进行烘托陪衬，从整体上营造出了一种视觉上主次分明，大小高低不突兀，雅致而又富丽的感觉，这是经常可以见到的一种组合方式。有的设计作品在图案中心雕有很大的莲花作为主体纹饰，莲花状态饱满，其厚重的叶瓣呈现出重叠复式，多而不乱，秩序井然，庄严稳重。而排列较为密集的忍冬纹以"一圈中有四叶"的样式为单元，整整齐齐、连续不断，看上去有较好的秩序感，与图案中间的莲花纹在整体风格上形成了一致性。比较大的莲花花瓣与忍冬纹上的小叶瓣相比较，莲花纹在纹理的密度上要比忍冬纹花瓣相对稀疏明朗一些，最终使得整体的纹样图案主次分明、疏密有致，统一中暗藏对称的变化，不仅在视觉上增强了层次感，还体现出图案的一种富丽堂皇和细腻雅致的艺术感。

第二类主要是两种纹饰穿插应用，在莲花纹大量同时出现的情况下，利用忍冬纹细小而精致的特点，使其作为一种联系图案，可以达到合并图案的作用，还可以起衬托主题和分清层次的作用。例如，在一般的仿古建筑中，可以把忍冬纹的雕饰运用在外面的门框上，在图案趋向两侧的地方进行连续伸展，在下方的门框两侧还对称地配有束莲柱样的纹饰，使整个门框的纹饰造型更加优美。同时，在形式新颖的束莲柱上下位置还均匀地装饰正面形象示人的莲花纹，且莲花上下距离合适，以宽径间隔，有节奏地相连，在中腰位置加以束环。再把两组或四组左右对称的三个或四个叶瓣的忍冬纹穿环而过，覆于表面浮层，这种造型手法呈现出的忍冬纹具有对图案整体内涵的概括作用，给人一种美观大方的感觉。而配在忍冬纹上面的莲花纹所形成的图案让人产生一种细腻之感。两种纹样相辅相成的搭配组合方式，现在来看还能够体现出一种异国情调，而这种形式的搭配组合在纹饰界里被称作波斯柱头中国化式的表现样式。

第三类在表现手法上主要是以自由的忍冬纹饰组合供养菩萨，或组合飞禽走兽，又或组合飞天和莲花等不同类型的图案。这种组合下的忍冬纹一般都以自由变化为主要形式，有时它的叶瓣因为需要会被拉得很长，但是拉长后的叶瓣不但不失美观，还具有灵动性，使人产生一种叶子飞舞起来的感觉。这里把忍冬纹当作一种能够把画面丰富起来并营造出富丽堂皇之感的纹样，进行无限发挥。在整体图案中添置了忍冬纹饰的边饰后，整个纹饰画面在忍冬纹叶瓣的流动下更显得宁静舒适且富有灵动的感觉。

3. 与云纹的组合创新

从一些成熟的创新设计作品上看，忍冬纹与云气纹的组合使用基本已经广泛流行于各种载体之上，比起忍冬纹，它更具缥缈、无拘和多变的特点，向大众传达了一种飘逸自由的审美意象。相比之下，忍冬纹则凸显出理性化和规律化。很多情况下，这些组合纹饰也会出现相互结合应用的情况，如一些设计中以带边饰居多，上面融合有忍冬、几何、云气纹三种不同纹样及色彩各异的小段的边饰，在有规律的间隔中形成连续贯穿之势。值得一提的是，弧线忍冬纹可以塑造出活泼的纹理样式，一般设计者多把它应用在构成图案上，以求体现出强烈的节奏感和装饰美。

（三）忍冬纹在不同载体上的创新

1. 忍冬纹在陶瓷装饰中的创新

在中国历史上，有记载显示，新石器时代出现后，陶瓷装饰上就出现了装饰纹样。由最开始简单的、象形的几种计数性的几何图案，逐渐演变发展为时代性格迥异、精神文化不一、内涵表达丰富的装饰纹样。现代陶瓷艺术中装饰纹样的应用在传承民族文化的基础上被赋予当今的时代特色及美学向往，不仅使陶瓷艺术中的装饰更加丰富多样，还通过这一形式满足了人们对美的向往和追寻，为丰富人们生活增色添彩。

不同于各种材质丰富的今天，陶器在古代人民生活当中占据了极其重要的地位，或可以这么说，它不仅是皇室贵族，也是平常百姓日常生活中不可缺少的重要物品。

北魏时期，忍冬纹不仅在佛教石窟装饰中可以经常见到，还被广泛地应用于平常百姓生活之用的陶器上。用于装饰这种陶器的忍冬纹，其样式一般都是以二方连续波状形成忍冬纹带。观其样就是一条波形弯曲的主藤蔓上不断地伸展出双藤蔓枝，在其中一侧伸出一瓣旋涡状的忍冬叶，另一侧则为两瓣叶片。有的叶瓣呈现出窄细而弯曲的状态，有的叶瓣形状比较肥硕且叶头呈卷起状，而顶端尖状的叶子从叶藤分叉处伸出，这样的叶瓣中大部分为阳纹，阴纹则只有少数。

随着佛教艺术的东传之路日渐兴旺，这一时期的云冈石窟也在不断地开凿修建和完善建设中，就在这一时期，用于云冈石窟装饰的忍冬花纹带出现了。用带有阴纹的忍冬花纹图案的陶质物建造模具，然后对陶器体壁的颈肩处、肩中部和肩腹部进行滚印制纹，形成凹凸不平的忍冬花条纹带，并以此作为区域分界所使用。一般的器物上都滚印出四条忍冬花纹作为主体花纹，并进行连续的滚印成形。

例如，山西大同市南郊方位的北魏墓群出土的陪葬陶器中，有一个或多个陶罐的造型都含有上述花纹，陶器的肩部印有二方连续波形的忍冬纹，该纹理的特点如下：主干上的藤蔓连绵不断地向外延伸，一侧有一叶瓣，另一侧则是两瓣组合。而大同市下深井的墓葬品中则有北魏墓出土的陶壶，陶壶的颈、肩和腹部都出现过这种连续不断的波形状的忍冬纹装饰。

其在艺术的渲染和装饰纹样混搭上体现独有的风格特质，比如，在人物较少的元代代表作品的画风中，无论男女老少，衣着基本都没有太大区别且不受周围气候环境影响，这都是体现了元代瓷器绘制的风格特征。又比如，一些瓷器上的预示吉祥、幸福、美好的花纹和图案在各个时代都被推崇，这些信息可以通过瓷器直观表达出来，所以其艺术性会得到完整的保留。再比如，青花瓷一直被奉为国粹精品，其外观花纹样式一直被沿用达数百年之久。它就是用最为直观和朴实的纹样，通过作者的思想和创意描绘出来，再应用到瓷器表面，主要有各种花鸟鱼虫的装饰和风景写意，让观者感受到清新自然、雅致安逸的氛围。这样的瓷器装饰纹样是经过历史时代中瓷器装饰纹理技艺手法和题材提炼，逐步沉淀积累下来的智慧结晶。

2.忍冬纹在织物装饰中的创新

忍冬纹在古代纹饰上的应用可谓五花八门。当时的人们非常喜欢这种纹饰，并把它应用于织物的装饰上。比如，敦煌莫高窟中的一件北魏太和十一年时期的刺绣品，即一佛二菩萨《说法图》，这件图的刺绣残片织物上印有忍冬纹的纹饰，现存的刺绣虽残缺比较严重，仅存了很小一块，但体现了横幅花边所绣纹样，这种纹样就是由忍冬纹和联珠状龟背纹相互套叠而组成的样式，它还以四种色彩绣出了四条宽弧线，并以"首咬尾"的衔接方式构成了圆环状，圆环内还绣有四片叶瓣的忍冬纹，这些忍冬纹在排列上被联珠状龟背纹规律地隔开，层次丰富，精巧绝伦。

《说法图》因部分残损太过严重，可见的地方基本都是用几种颜色的丝线绣出来的佛像、菩萨和相应的一些数字之类内容。仔细看还会发现供养人的长衫上还有桃形状的忍冬纹带。由此可断，忍冬纹被广泛应用于当时的织物上，同时也可以推出，当时各民族的文化相互融会，丝织品被大量地交换、买卖，才会有了这样一种外来纹样被广泛应用的局面。

3.忍冬纹在首饰装饰中的创新

不同于欧洲的历史发展规律，中华文化的历史发展规律以传承为主，并具有一定的延续性。站在地理的角度观察，中国东面相邻的地方没有大的岛屿或海国，导致了中国人从东面出航国外的概率较小。而西边几乎又被山脉和高原切断了主要道，因此从地理上看，中国人在古代时候走出去比较难；站在政治的角度上观察，中国历史处于统一时期相对较长，甚至可以追溯到黄帝统一的时代，所以在统一的问题上，由于被政治所影响，中国人在思想观念及文化传承上都有统一的表现。

这种统一也体现在中国历代人民所用的珠宝首饰上，中国首饰设计含蓄而不外露，注重精神的表达和内敛的表现。中国古代首饰出现较早，发展也相对较早。商周时期的人们就会将玉、绿松石等质地美艳的矿石用于装饰上面。到汉代的时候，人们的审美发生了变化，开始大量使用黄金制造首饰。到了秦汉时期，首饰造型的工艺相对比较简单，样式小巧而单一，上面所雕刻的纹饰不多，而植物类的纹饰更少，忍冬纹在这个时期还没有出现。一直到了魏晋之后，忍冬纹才大量出现，也被设计工匠们逐渐运用到珠宝首饰中。

与中国追求含蓄美不同，西方首饰讲究直白而强烈的审美。从西方的美学上可以看出，西方人对立体透视等客观元素的偏爱常见于其文化中的雕塑与图画方面，较为注重体积效果，光影效果与空间效果；在西方的艺术表现手法下，首饰往往在结构上可以做到变化多样，形状各异。而装饰性的纹理一旦应用到首饰上，对于体积小而维度多的载体又具有非常丰富和特殊的表现力。

早在公元前的西方，忍冬纹就出现在了欧洲青铜时代的首饰上，直到今天，这种类似的设计风格依然在用，其中不乏形态各异的植物花卉的纹饰风格。甚至在 20 世纪，伊丽莎白女王的皇冠上都有忍冬纹的纹饰存在。从中世纪开始，欧洲的皇室贵族就钟情于对珠宝一类饰品的风格和花纹样式的研发，以至于后来在欧洲大陆文化的影响下，首饰设计风格呈现多种多样的变化。

（四）忍冬纹创新设计应遵循的原则

忍冬纹在创新设计的理念中始终遵循着变化规律具有统一性特征的原则，这里的变化指的是纹饰图案之间的各个组成部分存在一定的差异性。统一指的是纹饰图案之间的各组成部分存在一定的联系。

从装饰图案的艺术特点上看，不论大小纹饰图案都包括以下内容：在表现上有主次先后和构图的聚散虚实之分，在形体上有方圆大小和线条的粗细长短之分，在色彩方面则有冷暖明暗的对立关系存在，这些关系可以使纹饰图案体现出活泼生动和富有动感的一面，但如果处置不好就容易存在杂乱之感。因此，把它们进行有机地组合，形成丰富而有规律的样式，由整理到局部再到整体，完成多样化的统一效果。统一中还有一定的变化，在变化中再求统一性，这样的布局形成使纹饰图案之间的各部分既存在区别又有一定的内在联系。

1. 对称性原则

对称性原则主要是指以一条中心线或点为支撑，在这条线或这个点的左右、上下或周围，都可以配置出形状相同、数量相同和颜色相同的纹样，组成另一个图案。在自然形象中，处处可以见到对称形式，如我们五官和身体，以及蝴蝶、树叶等，都是左右对称的典型例子。从心理学看来，视觉上的对称可以满足大多数人与生俱来的原始性的平衡感和稳定心理，这种科学性的对称观念是一切装饰艺术遵循之道和较为普遍采用的表现形式，对称形式的构成具有对应的关系，所形成的图案也具有重心稳定、理性严谨和统一完整的艺术美感。

2. 均衡性原则

中轴线或中心点上下左右的纹样等量不等形，即分量相同，但纹样色彩不同，依中轴线或中心点保持力的平衡。在设计图案的应用上，这种均衡性高的构图样式可产生生动活泼之感，变化丰富又充满动感，具有对"美"的变化的诠释作用。

条理就是有条不紊，反复就是来回重复，条理与反复即有规律的重复。运动与发展的过程就是在条理性、反复性的活动规律中进行的，如枝叶花卉的生长轨迹、羽毛的组成、花卉的结构和鱼鳞的排列等，都以复制和秩序呈现出来，并始终遵循条理与反复的规律。这一特点也在连续性的构图中被体现出来。

由此可见，连续性的构图是装饰图案，尤其是边饰图案中常见的一种组织形式。它将一个基本的单元格式，通过上下左右的连续伸展，或以中轴向周围进行重复连续扩展式地排列而形成连续性的纹样。通过使用图案纹样进行有组织、有规律地排列延伸，形成条理性的重叠、交叉组合，使其在理性中体现出质朴的感觉。

3. 适应性原则

装饰图案对各种各样立体及平面造型的物体进行设计和装饰，而在设计和装饰的过程中，要求装饰图案对所使用的目标产生"适应性"。也就是在适应、审美、环境的要求下，使装饰图案产生出适合的规律。一方面，要让立体造型及平面造型的装饰图案符合设计者的愿望；另一方面，装饰图案要有利于物品产生比较实用的需要和主要用途。如果装饰图案要能够较好地适合所载物体上的各种情况和环境，就一定要注意内容与形式相适应，局部和整体相适应，使用环境和生活习惯相适应，造型与用途相适应，平面装饰与立体造型相适应，物质材料与制作条件相适应。值得注意的还有一点，无论装饰图案的设计方向和意图是什么，其设计必须要遵循科学、实用、经济和美观的根本原则。

4. 实用性原则

实用性是装饰图案的核心属性，主要指以实用价值为重点，一般在外形上有规定的内容和模式，这样的装饰要求能够体现出设计者对载体的理解，以及自身的学识建树、审美品位和技艺水平。

实用性装饰图案的设计者一般都会根据所要设计的内容要求，把对生活的理解、对美好事物的向往之情以及所设想的美好形象，以丰富的创意和艺术的手法进行概括提炼、形象化和典型化制作，在把装饰图案赋予到载体上之后，还希望能够通过对它进行辅助造型和辅助装饰来达到歌颂、寓意、象征、反映的目的，如果能够引起大众共鸣则更有价值和意义。

实用性的图案设计在艺术的构思上有一定局限性，比如要受到时间、地点和经济实用等各种限制条件的影响，但在其形象的导向上，创作思维没有限制且可以天马行空，不受上述条件的局限。而这种图案装饰与其他的装饰风格相比较，必须要强调实用性，这就要求在一个固定形式的范围内要有一定的随意性，有时还会根据不同环境下的具体情况各有侧重点。实用性和装饰性的表达之间可以统一而独立，具体还需要建立在功能效用、材料特点、工艺技术的基础要求上。

（五）忍冬纹在应用上的创新

1.忍冬纹在传统工艺品上的应用创新

在分析忍冬纹在传统工艺品上的应用特性之前，首先要了解工艺载体的特点，主要分为以下三类。

第一类是以实用为主，把生活中具有一定使用价值的实用物品通过装饰和加工让其变得更加完美，如陶瓷、衣服、染织、家具工艺等。

第二类是以陈设为主，生活中的一些物品具有一定的欣赏价值，如各类浮雕雕刻、装饰图画、手工制作品等。

第三类是以装饰和使用为主，如灯具（汉代鎏金宫女铜灯）。

上述这些均可以应用忍冬纹饰进行装饰。

传统工艺品大多是以各民族的手工艺产品为主的具有欣赏价值和实用价值的器物。它是通过手工艺将原料或半成品进行有目的的加工而成的艺术与使用结合的物品，是对有艺术价值的工艺品的总称。工艺品的创造源自生活感受，大多数民族都有自己的悠久历史、文化传承以及能够反映其民族特色的传统工艺品。

人类的创造能力可以在自然的基础上创造出具有智慧、审美、艺术性的工艺品，这种艺术创作凝聚了人类智慧的结晶和文化的沉淀。艺术的知识技能和设计师的才能修养结合而制成的各种具有实用价值和欣赏价值的工艺品是当前人们的追求。

以传统名家工艺品白玉忍冬纹八曲长杯（图 3-1❶）为例，可以看到，玉器与纹饰的巧妙结合体现出了中国传统的美学艺术。以和田美玉进行雕刻的杯体呈现出洁白温润的雕饰背景，玉杯外壁雕刻有均匀细腻的忍冬图案，用意明显，就是借忍冬纹的美好特性来比喻长寿吉祥。这件器具选材优质，且造型别致，形为八曲长的椭圆形。这件多曲长杯是在形状上完全模仿的萨珊风格而制作的杯子，但杯身的装饰纹样不是引入西方纹饰而是用了传统的中国纹饰，可以说这个杯子是

---

❶　丝路遗产.何家村秘密："大唐第一金碗"映照下的盛世悲歌［EB/OL］.（2018-10-30）［2021-5-25］.https：//www.sohu.com/a/272192180_501362.

典型的中西文化结合的代表作。同时，它也反映出唐代高超的制玉工艺。杯壁口沿处打磨得很薄，只有半毫米，从杯口到杯底逐渐增厚，精湛的碾磨雕琢技术由此可见一斑。唐代玉制的饮食器一般较为少见，白玉忍冬纹八曲长杯的制作工艺更为罕见，其强烈的异国色彩和珍贵的材质使其只能摆设观赏或者在皇室、贵族中使用。由此可见，忍冬纹饰在彰显传统工艺并提升其审美价值上可以起到重要作用。

图3-1　白玉忍冬纹八曲长杯

2.忍冬纹在现代工艺载体上的应用创新

忍冬纹传承中华传统古典纹饰，创新运用于工艺载体设计中。在结构表现方面，如陶瓷工艺品设计，蜿蜒回转，流畅飘逸；又如家具角牙设计或束腰结构等，既起到结构稳固的作用，又起到装饰的作用，增强了整体家具的艺术性和观赏性。装饰纹饰在极富动感的同时，又赋予整体家具"富贵连绵"的寓意丰韵。

工艺品的发展伴随着工业时代的来临在艺术表现形式及文化内涵上都更加具有时代感，并趋于多元化。今天我们看到的装饰纹样不仅丰富多彩，还处处透出浓厚的民族情感和文化气息。因为无论哪个时代，无论如何发展，人类追求美好的夙愿基本一致，追求内心的情感始终不变。而把这些都应用和体现到陶瓷艺术的装饰中并加以具象化，能够跨越时代或跨越民族来产生共鸣，迎合了大众的审美需要。工艺品集成了很多科学技术，包括矿物质化学反应、艺术审美和结构空间表现等，是一门综合的艺术形式，其在实际应用当中已经具备了经济、市场、生活、职业、美观等几个鲜明的特点。

如今，忍冬纹在现代工艺品装饰上的表现可谓独树一帜，以其得天独厚的特性，在工艺品上发挥作用，那些象征着自然活力和生机勃勃的枝蔓叶瓣，寄寓了人们渴望幸福、向往美好的愿望。忍冬纹是众多的植物纹样装饰中极具代表性的纹样之一。有时，想象力丰富的创作大师将其进行极为夸张的抽象化，用高度提炼的方法，把繁杂的忍冬纹变成了简约又时尚的一个涡形线条，犹如一笔而成；有时将其自由渲染到极致，只用张扬洒脱的手法创作出一个俏皮的圆弧纹饰；有时，创作者赋予其复古的情怀，用唐朝风格的手法近似还原，这些技法充满了时代感和冲击力，可以美到让人流连忘返。忍冬纹这种传统的纹饰在今天工艺品创作者的手里可以施展出无穷无尽的变化，无论是工艺品纹饰、插画，还是包装、陈列台等，这种古老的纹饰在今天又焕发出时代的新活力。

3. 忍冬纹在现代艺术设计上的应用创新

（1）平面设计中的创新。平面设计中有静态与动态两种表达方式，它们都是经过变化或被设计者稍加设计出的现代忍冬纹，不仅具有古朴、细腻、精致和流畅等特点，还具有很强的装饰性艺术品位和时尚感。

由于它本身就有一定的对称性可寻，而组成部分都很简单，因此可任意拉长、扭曲、对调、翻转或缩放等，非常适于任何空间大小的放置。同时，利用其镂空留白的特性，还可以添加各种底色或进行内外边缘上色等，使其变化无穷、创意无限，或老图新创、修补完善，深受一些传统风格设计师的喜欢。如2008年的北京奥运会火炬祥云的装饰图案就源于二方连续变化后的忍冬纹。而不同点在于，动态忍冬纹要比静态忍冬纹设计多了一些科学技术，常常被用在多媒体设计中，把古人的智慧与现代的艺术相结合，借用忍冬纹这一纹饰绘制具有复古情调的艺术图案。具体是用FLASH软件将忍冬纹样绘制成小动画，应用于各种网页动画设计标头或鼠标动画等效果，当被触动点击时，会出现花纹的生长、卷叶、延伸、缠绕等动态画面，达到复古且唯美的效果。又如在一些图册和电子书设计中，简化后的忍冬纹也成为一个时尚的元素，常常被置于鼠标点击翻页的一角，围绕角上的页数文字盘绕衬托，起到了很好的点缀装饰作用。另外在一些图标设计和元素设计上，忍冬纹样以其边饰的特点成为非常好的标志或边框的元素材料。除此之外，忍冬纹作为静态纹样在现代设计中还出现在家具设计和室内设计、软装设计等方面。

（2）现代化产品创意设计。目前市场上的很多高科技产品把忍冬纹作为美化产品外观的点缀性设计元素或作为周边产品的元素设计使用。例如，iphone 手机的一款手机外壳就以随意变化的忍冬纹作为设计元素进行设计，忍冬纹从外壳底部向上生长和蔓延，叶瓣外舒，占据了整个外壳表面，形成了一种不对称的时尚美感和古今结合的个性化展示，同时在其表面覆以水钻宝石等材料，使其成为女性用户喜爱和收藏的实用性产品。另外，一些现代科技产品在材质上选用了陶瓷，在其表面雕刻忍冬纹作为装饰，给人以俏皮、活泼、新鲜的感觉，如一些钢笔、路由器、镂空皮带扣等。由此可见，复古的忍冬纹样与简洁的现代工业产品造型相互结合，显得精致时尚又清新脱俗。

四、忍冬纹在城市景观中的装饰应用

随着近几年周边游的发展，大同已经成为华北地区周边游的目的地之一。为了进一步提高城市的知名度和美誉度，充分塑造城市独特形象，展示独特魅力，在城建过程中，多元化、多样化的文化艺术的融合与碰撞，使得大同这个名城在装饰的过程中不可避免地会出现许多"碎片"地带。面对这样一种"碎片"空间出现的情况，如何"缝合"城市艺术的空间"碎片"，是城市当下不可不面对的一个问题。

（一）标识上的图案应用设想

在现代艺术设计中，较为流行的整合设计常伴我们左右，其优点是将传统的设计方法更加系统化。根据自身体会和大胆设想对忍冬纹进行研究和发现，单纯精巧的云冈石窟代表性纹饰——忍冬纹，既富含生命之美与民族之情，又不失为一种整合城市艺术空间"碎片"的理想元素。忍冬纹饰的流动之美和生命之美完全可以整合环境艺术上的空间"碎片"。大同这一古老城市向往成为国际知名的历史文化名城，正在历经凤凰涅槃一般的巨变。我们主要运用云冈石窟忍冬纹及其衍化出的相似植物花卉类图形纹饰，对城市的基础设施进行艺术化设计，包括对城市交通要道、城市供水系统、绿化环保系统和文物古迹系统等进行不同层面的包装和美化，形成统一文化标识，打造建筑文化之品牌。

在具体的应用上面，可以针对不同的地域、不同的设施进行不同的艺术包装和设计。在城市的道路设计上，围绕大同古都名城建设的战略目标和中心设想，按照城市的艺术建设要求和标准，可将云冈石窟忍冬纹赋予现代创意上的变化，比如，将忍冬纹融入显著提醒交通安全的警示性色彩和较为个性化的路标、路牌等，设置在明显的位置，使其成为大同交通系统的一大创意性标志，与其他文化艺术建设一起彰显大同人民的智慧和历史古都的文化气息。就目前来看，一些创意性的标识在大同城建中已有了应用。例如，大同历史文化景点之一的华严寺，寺庙广场喷泉的池底就设计了以铜质忍冬纹作边饰的图案，以弯曲规律的藤蔓为主干，以细长卷曲的叶瓣为两侧延伸图案，简单而清晰地勾勒于团莲图案的周围，其材质选用铜，一方面是因为其所泛起的光泽可以烘托美感，另一方面是因为铜制材料具有防水防潮特性，而其采用的三叶忍冬纹在历史意义上属于佛家教义的常用图案。

除此之外，大同古城护城河、御河、十里河和文瀛湖等知名水系景点也可以充分利用忍冬纹及其变化的图形积极组织空间，塑造空间。例如可以设想，护城河岸雕刻的石材忍冬纹一半掩映在水中，以色彩艳丽的灯光照射，形成奇幻的旅游景观。另外，那些粗犷的石材图案均可放在湖面并在水面上方投射一部分图案，当湖水流动之时可以利用光学错觉让人感觉其在蔓延伸长或卷叶曲张，给护城河游人美妙而新奇的感受。可以汇集各领域的设计大师的智慧或征集民众智慧，根据忍冬纹无限的变化和遐想，人为建筑出充满智慧形象和代表意义的作品，使得人与自然相融相生，现代与传统遥相呼应。

（二）城市映像形态元素

当城市空间具有意象化的属性展开表述时，代表城市的视觉形象设计与形象传播就已涵盖其中了。在空间的认知范畴里，具象化的围护物和"无形"的空间互相依托、相得益彰。在对围护物的设计中，忍冬纹体现了在适用性方面独特的功用。在大同这座古城空间中使用忍冬纹饰，可以体现出历史质感与古城厚重的文化气质相互呼应，而忍冬纹的载体一般都是粗犷厚重石材，可将其特有的表现力作用于城市的铁艺护栏和护城围墙、大型坐标建筑物和隔断等围护物上。

如在大同东城墙的环城公园里，小型的公用基础设施可以进行再设计。公园里的条凳可用最具云冈石窟气质和代表性的忍冬纹饰，将其按照条凳的空间布局，艺术性排布在条凳的四周，在边缘地带以镂空的形式雕刻出，再结合玻璃等透明的材质并利用现代科技制作成地灯或音箱，将古都历史厚重的文明质感和现代科技水平产生的灵动气质相互作用，并借用光学等科技手来营造现代化古都城市意象。

在造型上，既可以随纹样的外形塑造出隔断外围的轮廓边框，也可以用"内浮雕"镶嵌之法把忍冬纹反镂空设置到具有自身造型样式的隔断墙中。在体量上通过厚重且粗犷的外表轮廓勾勒出具体的物象并以单纯纹理的忍冬纹饰贯穿于其内，在视觉上给观众以严谨而庄重的审美情趣和时代感受。充分利用忍冬纹单元连续的特性在特定的空间中采用动态陈列的方式，在点、线、面和色彩上实现各个层面的恰当结合，采用科技光学原理和投影技术、计算机模拟化显像技术等，创造出逼真的场景并用于现场展示，为忍冬纹扩大形象化成为"生命之树"提供科学力量的支持。从而把观众完全带入亦真亦幻的虚拟空间之中，仿佛为观众造就了一个可以跨越时空的"时光隧道"。忍冬纹在科学技术手段下程式化延伸，体现出城市的文明发展。

在大同城市建设的核心中，古迹文化是比较重要的一项指标，从东北方向的白登山到城西方向的武州山，从悬空寺到华严寺，以大同古城为基点，在山西境内形成了一个从古城到风景区的古迹文化旅游网。而在诸多的景观中，"龙壁"较为特点突出，遍布城市的许多地方。

在这样一个古建筑繁多的文化遗迹旅游网中，云冈石窟忍冬纹以其独特的存在方式、影响力及运用空间，默默地进行文化脉络的传承，对于塑造个性元素的文化古城和共享城市历史文化的意义重大。首先，忍冬纹发挥了空间整合的功能和作用。虽然作为辅助形的边纹常见于装饰图案中，但忍冬纹还具有独立表现的作用，比如，利用单元纹样的本体进行造物，使其形成具有忍冬纹饰套叠变化的形象，其纹样本体在城市建设中起到的作用就是空间维护、隔断和美化装饰。因而就需要对其在体质上和质量上做一些考究性的细致划分，使其既可以崇高或优美，又可以粗犷或沧桑，充分利用空间的扩展或缩小来展示其灵动而不拘一格的时代风格。

忍冬纹饰在延续古城单纯静穆之美的基础上追求造型的巧妙变化，视觉上的科技元素不断体现。目前，一些城市已经开始将现代科技中的高反光、高折射的建筑材料与各种材质的玻璃幕墙进行混搭设计，通过逐层递进和循环重复把忍冬纹饰的视觉感染度进行夸大渲染，力求打造出情景交融、动感飘逸、光彩照人的科技艺术氛围。

在通过一些纹样元素来完善大同城市意象空间的过程中，忍冬纹饰扮演着特殊的角色。忍冬纹可以成为城市意象要素中的本土历史文化特有的记忆型元素，也可以被称作"城市符号"。要塑造出区别于其他城市且适合自己城市立意的独特城市形象，就必须对城市意象型元素的特性和内涵进行研究并给予创造性的开发设计。而忍冬纹恰恰就在这些设计中，笔者认为打造具有本土文化认知元素且历史记忆深刻的纹饰采用忍冬纹非常合适，主要是因为它是一种灵活多变的图案装饰，可以在任意方面与其他城市意象元素相结合，并可以单独出现，具有反复变化的特点是用以表达城市文化艺术发展和文明追求意愿的最具精华性的元素题材。

（三）城市形象升华条件

正因为有了古人对武州山的雕琢，才成就了现在的云冈石窟。与乐山大佛近乎一致，对武州山南麓断崖上的石岩据材施技而成的云冈石窟，也有了"全石"的美学特性，那就是石窟窟内的所有雕凿物件和造像都是纯石质，通过石雕而成。整个石窟全以石头为材料，浑然一体，好似天成。在这样的纯天然之背景下，云冈石窟忍冬纹以大自然原始形象辅助烘托造像，更加提升了云冈石窟的美学造诣。

如果能以大同市建造旅游城市为契机，将纯洁粗犷、变化无穷的云冈忍冬纹饰应用于城市的导视系统中，并根据城市的各种不同设施而进行相应的变化，定然会使其成为恢复古城风貌特色的一大导视系统，同样也是"大云冈"雕塑之都城市设计的重要内容。

从文化遗迹的形成上来看，石材的面积、体量与沧桑形成的肌理都使其非常适合成为城市中标志性的建筑和固定坐标，同时也会给人以一种信仰的崇尚，起到心理安慰作用和对历史文明认同并引以为傲的效果。而在较小空间里的小体量的忍冬纹造型则力求集观赏价值与实用作用于一体，供游人放松心情的同时，还将促进城市文化记忆产生。

石材的形状可以与忍冬纹饰的造型进行多种模式的结合，一方面要让群众在视觉上感觉不突兀、和谐自然，另一方面要贴合整体空间设计并产生美感，通过石材与背景的设计，使城市更具魅力，更加能体现出生活之美和历史之美，为大众带来良好的精神方面的享受。例如，东城墙环城公园内的雕塑设计以两种自然石材的巧妙组合，形成了动静结合之美和粗细结构之美。这些对比形成的美感是因为石材上面忍冬纹饰的巧妙铺设产生纹理，形成辅助烘托效果，与刻字形成了点缀和依托，既产生了对标题的醒目作用，又将整体的石材系列融于空间之内。由此可见，这些城市导视系统涉及内容繁多且内涵逐年丰富，物料亦可千变万化，且还会跟随城市的发展和创新而不断推陈出新。

第三节　双维度文化下的云冈造像纹饰形制

一、早期云冈造像纹饰的发展与演进

在研究云冈造像纹饰的演变进程中，北魏时期的衣饰文化是不可缺少的一个研究环节，这是由于北魏时期所开展的云冈石窟在北魏中期才达到了顶峰期。但云冈石窟的衣饰文化风格在发展演变历程中却经历了三个风格迥异的时期，完善造像纹饰的探究就需全面地认知石窟的文化特征，其所呈现出的各异的风格特性也是和北魏时期百姓们的审美理念以及双维度文化相互融合、相互影响的结果，事实上，也是代表了北魏不同时期人们在思想寓意和精神风貌上的演变。

综观云冈石窟的造像群，大小各异的造像参差不齐、错落有序地组合排列在各个石窟内部，蔚为大观。造像有的笑意盈盈、悠然自得，有的正襟危坐、沉稳严肃，有的则手捧短笛、神采奕奕，这些不同类型的造像雕刻所显现的面貌神态、服饰纹样都是古代劳动人民的智慧产物，让我们在观赏石雕林立的石窟造像时感悟北魏统治者所传承的古代文明。

学术界普遍认为，云冈石窟的前期造像雄浑、粗犷、健硕，集中西艺术风格于一体，而颇承凉州模式，到太和十三年（489年），褒衣博带、秀骨清像登上了云冈第11窟外壁佛龛，并从此成为时尚。这一变化与北魏孝文帝、文明太后推行的汉化改革有关。褒衣博带式装束是太和十年官服改制的反映；秀骨清像型佛雕系南朝画风北渐之结果。然而，南朝画技进入云冈，与凉州高僧式微，徐州名僧北上，平城佛学风气为之一变有直接关系。

在北魏统治之初，因道武帝和明元帝在位时主张僧人需要受到尊敬和重视的理念，所以有了弘扬"能鸿道者人主也，我非拜天子，乃是礼佛耳"的理念，为后续理论上的"人佛合一"思想文化与舆论基础做了铺垫。我国古代对于祭拜天神和祭拜祖先是极为重视的，北魏时期更是如此，"万物本乎天，人本乎祖"可以说根植于统治者和百姓们的思想理念中。因而，在云冈石窟中，"人佛合一"一系列的造像从另一方面体现了当时统治王权与佛教教权相互融合。而"昙曜五窟"所代表的5个主像表现出的昂扬雄伟也是为了彰显古代帝王的外貌和权力，甚至有相关文献资料指出，"令如帝身"，它们其实就是五位帝王真实的雕刻造像。

在北魏统治早期，云冈石窟的造像风格、装饰纹饰等都体现了当时社会背景下经济文化发展的繁华风貌。而北魏鲜卑部落的人们因在大草原生活的天性更是表现出开放自由的精神，在对待思想文化、信仰等方面都持一种兼容并蓄的态度，所以对于外来文化的传入同样也采取一种吸纳包容的理念。太武帝统治时期发生了"灭佛"事件，北魏时期保留下来的佛教与佛教文化在这种对比过程中以一种强大的渲染力发展起来，并且创造了"昙曜五窟"，这是云冈石窟的开山之作，也是辉煌灿烂的文化产物。而在云冈形式种类繁多的造像中，造像纹饰是最为关键的一种艺术表现形式，传递和展现了北魏时期社会背景下的审美理念以及当时的民族精神风貌。

（一）云冈造像纹饰的发展

文化最基本的原始现象是生产方式，纹样的生态状态是其本质的原生态，而观其本质而言，纹样是艺术形态的一种表现，在某种程度上，生态状态可以转化为艺术形态。在最初的时候，纹样的产生几乎都是思想特征上的彰显和意义的体现，审美理念意义并不是很有凸显性。在萌芽阶段，纹样的意象相对复杂且意义深广，不过又具有一定的模糊性，所以它在演变进化的过程中阐扬了其特有的包容性。譬如，纹样在萌发阶段与社会文化、哲学等因素相贯穿，产生了一系列的形态变化。在我国早期的哲学史上，纹样与哲学密切连接在一起，简言之，其形态和精神内涵的密切衔接、整合、同化是纹样的关键性特征。

（二）植物造型纹样的演进

在纹样中，最原始的形态只是其内在因素的展示，如原始的礼仪等，这些都含有各种各样的情感累积和社会意识沉淀，用有逻辑性的理性语言去解释是较为困难。而纹样事实上也是一种动态的演变进化过程。一是纹样在保持原有造型的基础上，持续地对文化等理念进行意识崇拜而演变出一系列的形式变化；二是在生产技艺的渐进过程中，纹样出于对审美寓意及技艺的赓续追求，促使自然的原有造型有了相应的规律性。

尽管纹样在演变的进程中保持着民族本源特性和延续特性，却不能忽略其在演变发展历程中与外来纹样间的横向沟通。双维度文化适应说明了纹样在发展演变过程中不会只单纯地保留本源自身的特性，也不会一味地吸纳借鉴外来的元素，而是通过本源与外来元素双向乃至多向的整合融会形成。此外，这种演变的形成远在现代人所认知的时间之前。事实上，在我国文化传承的过程中，某些王朝的衰败、时代的更新以及由此发生的战乱、贸易等都会直接或间接影响到中西文化交流融合的结果，并作用于装饰纹样上。我们应当正视的是融入中华文化主流中的异质性以及渗透力。

二、中期造像纹饰与外来文化的融合

北魏中期是云冈石窟东方化转折的关键点。因为这个时期的云冈石窟无论是在石窟的构造形式，还是雕像的艺术风格上都出现了一个很重要的现象——汉化，这正与北魏孝文帝时期鲜卑汉化的一系列措施相一致，它是汉化之风在佛教文化上的客观反映。由于有"昙曜五窟"造窟活动积累的经验和探索历程，从孝文帝开始，云冈石窟雕刻艺术逐渐形成了独有的风格。此时汉化政策已经积极进行，传统的中国建筑闯进了石窟，来自中原、南方、西域、中亚、印度的佛教思潮和艺术风格已被北魏各族富有才华的艺术家和工匠吸收、融化、改造、创新，石窟艺术的民族化渐趋形成。

所以，孝文帝时期的云冈艺术在内容和形式上都发生了巨大的变化，创造出许多充满活力的新式样。经过选择、提炼和完善，终于在太和十八年迁都前走向成熟，并直接影响了"准代京灵岩寺"于洛南伊阙山开凿的龙门石窟。从而形成既丰富多彩，又符合一定规范；既生动活泼，又庄严神圣；既追求形式严整，又注意装饰效果的云冈中期艺术风格。

云冈石窟中期一共开凿了十一个大型石窟，从艺术的角度来看，这时期的石窟大多数呈现出平顶的房形风格，此外还有些石窟是前后、左右布局对称的双窟，塔庙形式的风格也在一定程度上递增，世俗化、民族化的元素彰显而出。这时期的石窟展现出的佛像造像形式种类更加丰富，结构内容多样，各式各样的造像雕刻表明古代工匠技艺的高水准。

我国在很早时期流行的纹样是动物纹和几何纹等，而国外则以植物纹为主。不同地域文化在各时期流行的植物纹样也各具独特风格，在结构性质上也是有差别的，不过都各具有特色，我国在北魏时期引入了流行的植物纹。南北朝时代在我国古代艺术发展史上是纹样盛行的一个时期。

北魏统治时期，由于外来文化的影响作用，本土文化艺术也发生了一系列融合演变的摩擦。春秋时期，莲花纹样就开始被当成装饰来用，它代表的意义是天穹，与佛教莲纹样的意义有相似的地方，佛教莲纹样有更多的创新样式。忍冬纹样的综合性不单是因为其来源处，还是因为它的独特形象。从北魏时期所呈现出的纹样类型可以分析出，外来文化的渗透力体现的影响作用还是较凸显的。

北魏统治中期可以说是植物纹样的一个过渡转型时期。说是转型，是因为以下 3 点。

（1）早期是动物纹样和几何纹样的流行时期，说明了早期人们对于原生生产和动物形状表现的一种诠释；从商周到汉代时期几乎都是动物纹样的天下，也可以从中看出，人们对于天神的虔诚度极高；然而到这个时期，纹样的大本营中不仅有动物纹和几何纹，植物纹也作为重要元素盛装出场了。

（2）随着历史上本时期的"丝绸之路"的发展，我国古代和西方的交流也提高了频率，并与国土周边的国家有了较频繁的沟通联系。此外，外来文化特征与审美理念也潜移默化地同化了纹样发展，为装饰纹样的演变带来了一股新风气。

（3）本源文化的强大包容性和自身的自信心也在和外来文化的接触、碰撞、融合中起到了很重要的作用，主动吸纳新元素，因此推动产生了很多中外合璧的衍生品。

（一）佛教文化与中国

魏晋南北朝时期是个战乱连绵、社会极其不稳定的阶段。人口随之大量迁移，为南北这两个地区、各民族带来了文化思想上的互通交融。而佛教也在这个时期引入了北魏，分别为文学艺术、思想理念等层面引入了一股新的域外气流。随之而来的还有佛教植物纹样和本土纹样在碰撞中产生的新产物。

（二）佛教文化的影响

1. 审美观念

古印度摩揭陀国笈多王朝，从公元 3 世纪开始至公元 5 世纪结束，其艺术达到了一个黄金发展的阶段，雕刻除传承了本土的犍陀罗式的特点之外，还采纳了很多来自印度的美学精神和兼具美感形式的大自然风格。这里以忍冬纹和印度舞姿的形态来做对比，大家都知道印度的舞蹈最为有名的是"手与脚的艺术"，因为他们在跳舞的时候展现的最多就是通过手和脚的姿态来表达情感。而笈多王朝的文化艺术在造型和自然融合方面让佛教的造型艺术通过对植物的比拟来展示手和脚的姿态。

手足和植物形态的相似度很高，可以说明佛教造像艺术是从植物形态中来寻求思维创作上的灵感来源的。与此同时，中原地区也盛行着佛教造像艺术，从大自然植物中寻找灵感的方式也很快传入中原，给北魏时期的造像艺术引来了新的思维创作方式。云冈造像画壁上所展示的植物纹、动物纹等都彰显出独特的伸张力，观赏起来就充满了鲜活的创造性，表现了栩栩如生的纹饰风格。云冈模式下独特的风格在此也就延续了下来，对后来纹样形式的演变发展做了很好的铺垫。

在云冈石窟中期，石窟内的塑像也刻有很多的佛教故事，其大多数是来自印度民间的流传故事，用这种直白的图画形式来传达佛教的思想文化，通过造像雕刻的装饰纹样来让后人感受佛教思想在北魏时期的民族文化与审美寓意交融的现象。从云冈造像可以了解，佛教是深受其教徒尊敬、信仰和推崇的，也可以体现出北魏中期云冈石窟造像中装饰纹样的审美理念，显现出当时世人对装饰纹样的变化流行已然有了相应的概念。

从世俗服饰的生产制作以及世俗穿戴服饰品中出现的有关佛教的纹样可以看出，世俗的衣饰文化在某种程度上受到造像衣饰的影响。宝相花也就是我们通常所指的莲花，在佛教造像中是极具地位的代表象征物。在寺庙里，宝相花也是庄严神圣的装饰物，而它在织锦上转换成了衣饰的花纹。说明佛教造像艺术很好地把世人对于莲花的喜欢与教徒对莲花的信仰推崇相互交融在一起。简言之，这些具有代表性的装饰纹样是不会单一地呈现在小空间里的，会随着前来祈福的香客、教徒被传播到世俗文化中。北魏云冈石窟之初，佛教艺术的文化在这期间延续了下来，佛光闪闪的莲花也深刻地刻画在世人的思想与精神理念中。

2.寓意文化

魏晋南北朝时期，阴阳五行的思想理念在世人的心里日渐被新起的佛教与玄学相结合的观念所替代，这一变革打破了汉代时期的思想观念的依托，并且生起了一股关于"有"和"无"相对论的思潮。而植物纹样在此时也被影响，引入了多重种类的佛教元素。

（1）菩提树。菩提树就是在佛教被引入之后成型的新树纹，是一种桑科类的常绿乔木，从佛教的艺术视角来说代表着特别的意义。传说，释迦牟尼大师就觉悟于菩提树之下，所以我们会看到云冈造像壁画中的佛像头部上方通常会有一棵旺盛生长的菩提树，并且款式造型多种多样。云冈石窟的树纹比较相似于原生的树木形态，也显得相对生动真实，这说明了树纹在装饰上超越了一般绘画形式的象征意义，并发展为叙述性的装饰风格。

（2）莲花。在淤泥里顽强地长出鲜美的花叶的过程，在佛教中被视为解脱的行动，也比作凡人到圣人的进阶，尘世到净界的升华，其象征意义非凡。在造像纹饰的某种意义上，莲花纹被人格化，并通过佛教造像的传播向世俗化的方向发展，以更加通俗的方式流传开来。

丝绸之路开启之后，我国古代较封闭的对外文化交流发展有了较大的变化，西方的外来文化、商品等也随之流入国内，而造像纹样也作为其中的一种异域文化被引入。本土的纹样在延续了多年的发展与设计理念之后，受到外来纹样的冲击与碰撞，打破了恪守的单一局面，反映出反差较大的改变，造像纹样的演变进程进入了一个转型期，出现了蓬勃发展的新格局。

在此需要表明，像此形式纹样的传播交流理论上是经过不同地域人民在不同时期的交流沟通而产生的自然多层面的传播。这里的自然多层面指的是商品的贸易往来交易，亦是风俗等文化的沟通，造就了纹样代表的物化形态承载了多方面的文化元素。而北魏发展时期的交流推动了纹样在中原的发展演变，其影响不容忽视。

三、晚期造像纹饰的艺术蔓延

北魏晚期（495年—524年），皇室工程基本结束，而大批留居的亲贵、中下层官更以及邑人信众充分利用平城原有的艺术人才在云冈开凿了大量的中小型石窟。主要分布在第20窟以西，包括第4、14、15窟和第11窟以西崖面上的小窟或小龛，第4-6窟间的小窟，总数达一百五十余座。此外，许多早、中期开凿的石窟还补刻了一些小龛。从石窟中现存铭记来看，窟主最高官职不过是将军（第38窟上方吴天恩造像记），小龛龛主最高的是常山太守（第11窟明窗东侧太和十九年妻周为亡夫田文虎造释迦、弥勒龛铭），而开窟较多还是没有官职的佛教信徒。它充分表明迁洛后，佛教在平城地区的中下阶层蔓延开来，这是云冈石窟北魏晚期开窟造像活动的一个显著特点。

北魏晚期云冈石窟虽然数量较多，但都属于中小型窟室。石窟形制实际上属于中期大像窟、佛殿窟和塔庙窟三种旧有基本窟式的缩小型，变化显著，是云冈石窟样式最繁杂的阶段。其中缩小型的大像窟、佛殿窟演变的共同规律是向平顶方形平面或接近方形平面发展。因此，北魏晚期出现一种新的窟形——三壁三龛窟，这种颇有代表性的北魏石窟，数量接近七十座，约占晚期中小型窟室总数的二分之一，它的流行程度集中地体现了北魏晚期的新风。此外，还有四壁重龛式窟、塔庙窟、万佛洞等一些典型石窟。

值得注意的是，雕刻精致、题材丰富、造型优美、龛饰华丽、保存完好的西部第38窟十分引人注目，堪称云冈北魏晚期的代表性石窟。该窟平面作横长方形，平顶，四壁凿龛造像，窟顶刻方格平棋藻井，为一小型石窟。北壁和西壁为单龛，东壁为二层龛，南壁为三层龛，窟内四壁布局造意基本上属于四壁重龛窟。若考虑北壁与西壁的单龛，其他重层龛多雕佛传的情形，则窟内主要三个壁面接近三壁三龛窟的形制。这似乎从一个侧面反映云冈北魏晚期窟室变化的繁杂情况。

一切艺术都是社会生活的反映。云冈石窟从第二十个窟开始，西侧的是造像晚期的著作，一共有二十五个（第二十一到四十五窟），还有其他的附属石窟。洞窟造像改革的顶峰是在北魏太和十八年，也就是公元494年，在这期间，孝文帝为了深入改革、加深汉化，把京都从平城迁移到了洛阳。所以在这个时期，云冈石窟的造像工程大多数都停止了。尽管云冈石窟在此时表现得没有之前的发展优势，但其在艺术上的发展演变还是存在一定贡献的，因为其在追求艺术的步伐上坚持不懈，所以在云冈石窟的艺术造像中也起到了很重要的作用。

云冈晚期的发展在后续社会背景因素的影响之下变得更加全面汉族化。就其晚期造像的纹饰方面来讲，大多数表现出的整体风格深沉淡雅；而从其造像的类别上来看，种类明显增加，有了音乐树、乐伎人，还有民间知晓的杂技人物造像，这些都展现了北魏晚期社会盛行的民间风俗。简单来说，如果造像中期的"胡帽梵像"是为了继承历史遗留下的文化，并且进一步地发展与改造；那么造像晚期则是为了完成某种继承，并且完成改造传承下来的文化，可以说是"改梵为夏"了。如果我们形容造像中期是上层社会盛行的一种特定服饰文化，那么造像晚期就是在更多地展示民间传统盛行的服饰文化风格。

（一）民族精神的传承

云冈石窟与其他石窟的不同之处就在于它个性鲜明，自身有着突出的特点。它发源于北魏时期，因由王朝统治者建设，所以规模非常大，它在北魏时期终结，经过一整个朝代，因此保存比较完善，可以完整地体现出那个时代的历史文化。在我国的衣饰文化中，云冈造像中的纹饰起着至关重要的作用。对其的研究首先是为了完善了解其发展历程和演变过程，以更精准地对其历史时期和发展现状做系统化的归纳，由此完善我国的纹饰文化以及加强中外文化交流；其次更是为了汲取前人考究所取得的学术成果，从而更好地传承我国悠久灿烂的文化并将其发扬光大。

艺术家的职责就是用石头、绘画或者声音来再现时代精神。作为国家意志的物质体现，云冈石窟"暗示"着公元5世纪北魏王朝信仰佛教的满腔热忱和经济文化的高度繁荣，由于国家主创，整体布局统一合理，各个石窟有机连贯，每一窟造像秩序井然，可谓意若贯珠，像如合璧。作为帝王的直接行为，云冈石窟完整地把一个王朝的百年大业、精神风貌、意识形态、社会民俗，形象化、艺术化地缩影、镌刻在一壁岩石之上。

云冈石窟既供美术展览，也是通俗的博物馆，因为它保存了北魏社会史和经济史上的真迹。要不是这石窟在荒野中替中国保存这一份文物，而是将金碧辉煌的佛像置于通都大邑的话，恐怕其也就像中国很多古代的建筑一样，早经兵燹而荡然无存了。云冈石窟造像艺术在今天之所以成为中华民族的宝贵遗产，是因为人们可以从这大批造像艺术中看出当时社会各阶层的风俗习尚，为研究北魏阶级提供文献上所见不到的实证。

（二）纹饰文化的弘扬

纹饰来源于我们的日常生活，伴随着我们的发展历程而不断演变发展，我们对其的传承有着尤其重要的意义。随着时间的流逝，文化不断地向前发展，在历史的长河中，不计其数的曾具有重要作用的艺术作品渐渐消逝。

如今，对于我们来说，纹饰艺术早已不再具有实用价值，我们只能对其进行观赏和研究，以此来帮助我们更好地了解我国的历史，纹饰成为我国历史长河中的一部分。但有一点不置可否，它让我们得到了很多启发，不管是在实际生活中，还是在精神层面，它带给我们的思考都是非常丰富和深入的。不同地域和不同历史朝代的服饰各有其特点，石窟作为物质形态媒介把它们之间的差别和交融都一一记载了下来，纹饰艺术由此得到了长久保存。我们通过石窟里的雕像了解到的不仅是其自身的审美价值，更从中看出北魏这一历史时期优秀纯良的民风民俗以及开放的社会精神风貌，借研究此文化深入挖掘整个历史朝代的文化特色和人民的现实发展情况才是最令人感动和满足的。

第四章

云冈石窟文化的传播方式与保护

第一节　云冈石窟文化的传播方式

云冈石窟作为北魏王朝最宏伟、最壮丽的文化工程和艺术创造，被誉为北魏王朝的天然博物馆，也成为传播北魏政治文化的重要载体。本书从传播的两大基本形态——实体传播和符码传播入手，分析云冈文化的传播，并提出云冈文化传播的建议。佛教石窟是一个完整且特殊的文化形式，其特殊之处在于它是文化形式的综合体。云冈石窟作为北魏政治文化的重要载体，融宗教、政治、哲学、民俗等多种元素为一体，是中西文化融会的典范，是游牧文化与农耕文化融会的结晶，多样文化的凝聚形成了独特的"云冈风格"。

一、实体传播：亲历性的传播过程

传播被视为文化的工具。传播使文化在历史长河中得以沉淀和积存。传播是人类文化延续发展的基本形式。一种文化的延续和几种文化的交融与冲突都离不开传播以及由此而带来的变异性或扩散性结果。文化的传播是依靠媒介来进行的，根据事物是否以自身为传播媒介，传播可分为两大基本形态，即实体传播和符码传播。传播的基本形态之一是实体传播。传播信息所指代的对象在场，或者说信息与它所指代的实际事物为一体，就是实体传播。信息与它所指代的实际事物为一体是实体传播最重要的特征。一个客观存在的事物以自身作为传播媒介进行信息传播，是实体传播区别于符码传播的最重要的特征。

实体传播以实物自身传播信息，因此，云冈石窟文化的实体传播主要是通过参观者对云冈石窟的实地考察实现的。参观者根据目的的不同，可分为两大类，一类是以学术考察、研究为目的考察者，一类是以参观旅游为目的的旅游者，后者占据了参观者的绝大部分。因此，本书主要研究旅游者的实体传播过程。

旅游者参观和游览云冈石窟这一不可移动的文化载体的过程中就包含着实体传播的过程。在这一过程中，旅游者走出了各种传播媒介所营造的关于云冈石窟的"拟态环境"和"媒介图景"，进入现实的亲历性的传播环境中，直接面对鲜活的信息本体，进行非媒介化的传播过程。参观者直接从云冈石窟的造型、颜色、服饰、佛像的神态等方面感知云冈石窟。在感知的过程中，伴随信息的流动，真实的遗存才能以真实实体的身份传递出准确的历史信息及其所包含的文化信息。这种方式看似简单，却是其他方式不能代替的。第一，实体传播没有符号化（编码）的过程，也就不会有传播者思想和意识的渗透，可以保持文化信息的原貌，减少信息在传播过程中的流失与改变；第二，云冈石窟的参观者对云冈石窟的参观浏览过程就是实体传播的过程。只有实现了实体传播的文化传播价值，才能实现其作为旅游景点的价值。

二、符码传播：符号化的传播过程

符码传播是与实体传播相对应的传播基本形态。在符码传播过程中，信息与信息的指代物是分离的，信息被转化成符号进行传播，口头语言、文字语言、图像等符号是符码传播最主要的符号形式。符码传播虽然代替不了实体传播，但是可以促使实体传播发生，提升实体传播的传播效果。

第一，大众传播媒介的符码传播促使实体传播发生。信息与信息所指代的实际事物对象相分离是符码传播最重要的特征。实体传播的传播范围有限，对于静态的云冈石窟，只有亲历的参观者才能实现实体传播的过程，而符码传播因信息与信息所指代的实际事物对象相分离，可以扩宽传播范围，从而突破实体文化信息传播的地域限制。云冈石窟文化信息可以转化为声音、语言、文字、影像等符号形式，运用一定的物质载体，通过不同的媒介形式实现传播。例如，相关的书籍、报纸上的文章等以文字和图片为主要符号的纸质媒介的传播，可以通过纸张的空间移动使相关信息传播到各地。以声音和图像为主要符号的广播电视等电子媒介，可以实现文化信息的快速远距离传输。报纸、广播、电视、网络媒介可以通过旅游新闻、旅游文化节目（专栏）等多种形式，大范围地将云冈文化资源传播出去，从而吸引受众，使受众（潜在游客）将云冈石窟作为出行旅游的候选目的地。

第二，导游的符码传播提升实体传播的传播效果。符码传播永远代替不了实体传播，但是符码传播可以更好地促进实体传播的实现。实体传播受信息接收者素质的限制，尤其是对于异质文化的陌生感，会影响到文化信息的传播效果，理解不到信息所暗含的文化意蕴，甚至会出现文化意蕴被扭曲的现象。旅游过程中的文化传播往往是异质文化的传播，文化的差异性是旅游活动得以持续进行的前提，但同时也会影响到文化传播的效果。在传播过程中，受众对文化景观的文化基础的了解是现实文化传播的基本前提，这样可使传播具有"共同的意义空间"，在编码和解码的过程中避免出现"双重偶然性"。云冈石窟文化作为深厚的历史积淀，对其文化意蕴的理解需要佛教文化基础、鲜卑族的历史文化等相关知识，这对异质文化的旅游者来说存在理解障碍。文化景观所蕴含的文化与旅游者自身的文化之间的"文化间性"程度决定着理解障碍的程度，两者是正比例的关系。"文化间性"越高也就代表着文化共性越少，那么所导致的理解障碍也就越多。因此，在参观和游览的过程中，旅游者需要专业的导游进行以语言为主要符号的符码传播，对实体传播进行深层次的文化信息解读，以消解文化传播过程中的隔阂。

导游作为这一传播过程的传播者，是文化信息的把关人和阐释者，是文化传播效果实现的关键因素。导游对云冈石窟的介绍和讲解是人际传播形式的符码传播。导游以语言为主要符号的符码传播有利于提升实体传播的效果，其具有的特点包括两个方面，一方面，导游与旅游者之间的人际传播具有双向性、互动性的特点。传播的两个主体在同一时空内进行交流。旅游者的反馈是这一过程的重要环节。在这一传播过程中，旅游者的即时反馈可以提升传播效果。在旅游过程中，旅游者和导游可以随时进行身份互换，可以把自己感兴趣的、不理解的问题随时反馈给对方并得到解答。因此，旅游者在实地游览中通过导游的符号化的人际传播对景观的文化信息的了解是深入的、透彻的，这可以消除文化间性带来的理解障碍，从而提升文化传播的效果。另一方面，导游以语言为主要符号的符码传播更具有针对性。人际传播是两个个体之间的信息传播，这就决定了其传播范围小，传播的针对性强。由于旅游者的个体差异性较大，文化背景不尽相同，文化信息接受能力也千差万别，导游可以针对不同的旅游者选择不同的讲解方式，从而利于信息的接受和文化的传播。

云冈石窟作为文化旅游胜地，实体传播可以实现经济和文化的双赢，在实现其作为旅游景点的经济效益的同时，也实现了文化的传播。但是实体传播自身的局限性使文化信息的符码传播有了存在的必要。符码传播虽然永远代替不了实体传播，但是扩大了云冈文化的传播范围，吸引更多的人进行实体传播，也可以提升云冈文化的传播效果。因此，云冈石窟文化的传播离不开实体传播，也离不开符码传播。

第二节　数字化理念下云冈石窟文化遗产的保护

一、云冈石窟物质文化数字化保护

（1）单体石雕造像和整体石窟数字化保护。单体石雕和整体石窟采用三维扫描建模技术。

首先，应勘测现场、布设控制网，使用不同的扫描仪（如近距离、精细、手持）对石窟对象的精确三维数据进行采集。

其次，对扫描得到的点云数据进行处理，如去除噪声干扰、为点云附色，将采集的彩片进行校准、拼接，形成全景照片，对没有附色的点云进行二次处理，并建设三角网，进行纹理采集。

最后，为三维模型添加真实的色彩，完成贴图。

（2）构建筑数字化保护。目前，古建筑资料的获取有三种方式，第一，人工采集测量、三维激光扫描技术、数码摄影技术；第二，影像建模，利用计算机视觉和计算机图形学知识，从单幅影像或影像序列中恢复出物体的三维模型，可将大部分的建模工作交给计算机来做，可减少手工建模的工作量；第三，三维激光扫描，利用激光扫描建筑表面，通过多视点云的拼接技术、散乱数据点云精简技术进行建模。

对于云冈石窟窟檐可以采取影像建模和三维扫描获取模型相结合的方法。

（3）云冈石窟壁画数字化保护。云冈石窟清代壁画保护技术采用三维激光扫描技术来获取信息。首先，要对整体壁画进行分析，然后设计采集方案，可将壁画划分为若干个区域进行三维激光扫描拍摄，并且使相邻照片部分重叠以便拼接，特别是壁画曲面的平滑拼接。在数据处理和制作的过程中，对数据进行色彩校正和统一亮度、色彩均衡。同时，要对壁画图像进行几何校正，消除拍摄条件对照片图像造成的各种几何变形。

（4）碑文铭记的数字化保护。云冈石窟铭记碑刻题材多样，有铭文、碑记、题字等，是云冈石窟直接的文献史料，具有不可忽视的地位。

首先，对铭文碑刻进行实地考察研究，了解字体的大小、形状、特征，同时，对铭文碑刻进行分类记录，收集和整理资料，得到数字化保护的对象。

其次，进行二维轮廓提取，可利用 Photoshop 和 CorelDRAW 两款专业图像处理软件共同完成，前者完成照片裁剪和着色处理，后者完成轮廓描摹，这种方式对照片的清晰度要求高，对部分铭文碑刻能进行快捷的轮廓提取，主要步骤有：①铭文碑刻照片的选取；②进行着色处理；③自动中心线描摹。

二、云冈石窟非物质文化数字化保护

文献数字化最核心的问题是语言文字处理，云冈石窟的考古文献所涉及的文字为汉语与日语两种，对纸质载体的图书进行数字化的方法主要有三种方式：①文本方式；②扫描转换方式；③全息数字化方式。图像可以采用翻拍和扫描两种方法。同时，建立适合云冈石窟文献数字博物馆的检索技术。如全文检索、条件检索、基于 Ontology 语义的关联搜索以及基于内容的图像检索。在数字化环境下，多种检索技术的运用不仅可以极大地提高检索效率，降低检索成本，而且可以实现学术资料的贯通检索。

三、云冈石窟复原遗址数字化技术

云冈石窟毁坏寺庙遗址数字化保护采用的数字技术为，首先，根据云冈寺庙遗址实际情况进行数据采集，包括：①用三维扫描仪获得场景多个视点的点云数据；②遥感数据和 GIS 数据；③拍摄的真实遗址场景的视频录像；④照相机采集的真实场景的照片；⑤采用手工方法得到测绘数据，以多种方式满足遗址中不同物体的建模需求。其次，对地形场景进行重建，地形场景的重建包括三维地形表面生成（采用的技术有算法生成的地形仿真技术和基于真实地形数据的生成技术）、纹理映射、构建真实的地形模型。最后，遗址主体的重建，对于这类模型，目前常用的建模方法有基于扫描仪的三维建模方法、基于测绘数据结合第三方软件的三维建模方法和基于图像的三维建模方法，这类遗址主体如塔基、辽金铸造工场、水井等。

第五章

现代云冈石窟文化传播新路径

第一节　电子媒介视域下云冈石窟文化的传播路径

一、云冈文化传播载体

口耳相传产生于部落时代，其外在媒介表现为口和耳，但人固有的视觉和听觉局限使人只能依附于狭小的空间之内，无法超越时空的限制。因此，这种诞生于人类童年时代的传播媒介逐渐被其他模式所替代。云冈石窟中的佛传故事都是有"经文"可循的，而"经文"和所有其他平面媒体（书籍、杂志、报纸等）一样，容易造成与读者之间的隔阂与疏离。

平面媒体中，文字与世界的距离屏蔽了读者的直观感觉，文字对世界的渲染只有通过想象和记忆才能得到延伸。这就造成了文本与世界、文本与读者以及读者与世界之间的隔膜。"有一千个观众就有一千个哈姆雷特"事实上只存在于平面媒体中，语言的"张力"和"能指与所指"等一方面造就话语蕴藉背后的艺术审美，另一方面也带来了一定程度的阅读困难（如后现代主义诗歌），尤其是在电子媒介的图文时代，专注于平面媒体并且费心费力地揣摩深层含义已经变得越来越难。因此，尽管华严寺等也存在经藏，但阅读和理解者毕竟有限。

塔寺可以带来美学上的移情之感，在感知其奇伟和雄壮的同时，灵魂得到升腾，这就是哥特式建筑的奇妙之处。但这种无言的建筑似乎只有和"说话"的经文联系在一起，才能使人确切地感知历史、连续、玄幻、奇诞、反省等意义。在塔寺中，时间总是被静止在某一瞬间，时间的质感宣示的"神圣叙事"带给受众虚拟的满足，昆德拉所疾呼的"顶起形而上的重负"可以在此找到踪迹。

与经文和塔寺相比，石雕更能领会"深度的意义"。黑格尔在《美学》中指出："艺术家把灵魂灌注到石头里去，把它柔润起来，活起来，这样，灵魂就完全渗透到自然的物质材料里去，使它服从自己的驾御。"

　　云冈石窟中现存的 220 余幅讲述佛一生事迹的本生故事、宣扬释迦前生行善的本生故事、展示释迦度化众生的因缘故事和取材于《维摩诘经》《妙法莲花经》等经文的其他类型的故事，从不同角度阐释着佛教文化的博大精深。与经文和塔寺的受众群不同的是，经验化阅读习惯和显在化视觉形象的结合使得石雕的受众从"元叙事"中形成的绝对主体——精英受众（如那些以修炼成佛为理想的高僧和其他佛教徒）扩展到批量化的、倏忽即逝的、面目模糊的"大众"，只要有了一定的视听能力（与文化高低无关），就不难领略这些石雕所蕴藉的说教意味。

　　进入 21 世纪，新的媒介以汹涌澎湃之势出现，日甚一日地冲击着受众的神经。这些新媒介，有的"新"在信息传播渠道的快速化、网络化、大容量和传播方式的双向性上；有的"新"在传播媒介的发信设备的数字化、集约化、程序化上；有的"新"在信息终端接收装置的高质化、方便化及多功能化上；也有的甚至具备了信息传播源、信息传播渠道及信息接收终端三位一体的综合性、一体化的功能。任何一种后续媒体都是一种补救措施，是对过去某种媒体或先天不足功能的补偿。新型媒介不仅创造了新的视听领域，也突破了书籍、建筑、雕塑所固有的传播局限，获得了更大范围的传播效果。

　　不仅如此，电子媒介消解了精英受众和"大众"之间的界限，网络媒体带来的全球一体化更使全世界经历着同质化的巨变。网络时代，世界日益走向开放、多元和交融，在大众媒介环境下，媒介语言、媒介受众、接受方式和接受内容已经发生根本性变化，有机的、一维的、向中心的话语偏向了无机的、多元的、离心式的话语。所谓现代社会，无非就是一个多中介的间接交换社会。社会的多元化分化必然导致差异，差异又必然导致矛盾与互动，这就要求文化传播者必须改变传播策略、传播技巧与传播方式，才能赶上时代的步伐，取得全球化的宣传效果。

二、云冈文化的电子传播模式

20世纪五六十年代，被编入中学语文课本的杨朔的《泰山极顶》使泰山这一"五岳之首"深入人心；进入20世纪八九十年代，一部电影《少林寺》衍生出"少林经济"；影视作品《大红灯笼高高挂》和《乔家大院》使乔家大院门庭若市；央视播出的《走西口》使杀虎口闻名遐迩。

电视尽管属于大众传媒，但在传播类似信息时，便失去了大众传媒的特点，成为受众生活的一部分。电视使空间距离、时间远近、中心与边缘实现了共时性。地域、利害、感情等方面的因素的接近造成的趋同感，可导致许多人在短时期内的重复行为（如纷纷到乔家大院旅游观光），而电视内容的生活化、平面化和直观化使得电视与生活成了一种"互文"，从而产生麦奎尔所说的人际关系效用——通过谈论节目内容来融洽家庭关系和建立社交圈子等。

目前为止，整合传媒集团、建立专门的影视工作室、拓展影视改革路径、以市场化运作方式延伸文物信息产业等，正成为或已经成为许多地方进行文化扩展的首选之路。比如，以一定的投入，聘请著名导演，集结创作力量来制作市场大片或电视连续剧，以云冈文化为中轴，串联悬空寺、恒山、华严寺等中外著名景观，以公关为先导，在有影响力的电视台播出，使云冈文化大放异彩。

目前，大同市已经进行了许多卓有成效的云冈文化推介活动，策划了各类有影响力的文化活动，如云冈文化旅游节和民俗文化节等，均获得了很好的效果。除此之外，笔者认为，在多媒体时代，还可采用立体式传播模式，如在国家级媒体进行旅游资讯报道、投放旅游广告、开发旅游娱乐、提高旅游服务和旅游专题节目制作。

网络媒体出现之后，文字、图片、声音、图像等以各自的载体呈现的文本形态开始迅速相互融合，主体的交互性使受众不再是"魔弹论"阴影下的被动者，而是不断进行角色互换的虚拟生存空间中的"园丁"。

后现代社会的一个标志即文化的消费，网络中的海量信息为受众提供了无穷尽的电子替代物，同时降低了如书籍、报纸、电影或景点消费的成本，信息的超复制使受众产生附加的愉悦，从而确认自己的"文化人"身份。因此可以这样说，谁占领了网络空间，谁就占据了时代传播的先机。对于云冈文化的传播来说，除了政府网站外，相关网站的建立可以打开通往云冈文化的大门，以商业形式运营的推广网站也应列入议事日程。音频、视频、动漫、论坛、信息反馈等平台的最大限度的运用都可以为云冈文化的传播找到合适的途径。

第二节　融媒体视域下云冈石窟文化的传播路径

融媒体时代的关键词就是多元化，涵盖传播主体、传播媒介、传播语境、传播过程和传播效果等。云冈石窟文化的传播必须掌握融媒体时代的传播规律，选择合适的传播渠道和传播方式，既要发挥各种媒体的优势，又要确保传统文化的正确传播。

云冈石窟围绕"新媒体与传统文化传播"这个时代课题作出了有益的、有担当的探究。积极发挥品牌优势，整合省内外媒体资源，全力打造以云冈石窟文化为主题，以弘扬中华优秀传统文化为宗旨的新兴媒体群；团结各方力量，为云冈石窟文化研究和传承传播作出更大的贡献。云冈石窟文化的传播值得我们做出一些新的思考。

第一，培育多元化的传播主体，科技推动传媒变革，点对点的病毒式传播已经完全颠覆了点对面的大众传播模式。人人都可以在不同场景下获取传播内容，充当传播主体。融媒体时代的重要特征即变单一媒体的竞争力为多个媒体共同的竞争力。

传播主体单一化，注定传播效果微弱化。云冈石窟文化现在的传播主体主要依托政府，利用传统媒体、网络媒体和自身的官网、微信、微博进行报道。如果能将学校、文化公司、旅游企业、社会组织都转化成云冈石窟文化传播的主体，并且使其能够主动发布和传播，而且善于制造热点，形成话题，吸引社会群体关注，就会形成多维传播格局。文化座谈、文艺演出、社交活动、互动活动、文化展览都是培育多元化传播主体的发力点。云冈石窟发起的"云冈石窟文物知识培训"活动，让文物知识"走入寻常百姓家"，不再高冷深奥，从而让更多的人爱上了文物，传播了文物知识，让文物活了起来。

同时，研究云冈文化领域的专家学者有深厚的学术造诣，完全可以成为云冈文化传播的意见领袖，对这些文化学者进行包装和塑造，让其成为云冈文化领域的话语领袖切实可行。云冈石窟研究院推出的"历史名家讲坛游学"就是一种尝试，云冈石窟的历史和艺术成绩得到了很好的宣传，成为一种强有力的文化传播模式。

第二，尊重个性化的消费需求与体验，受众在哪里，我们的传播就应该到达哪里。融媒体时代，受众需求达到了空前的多样化，必须尊重用户需求和供给方面的互配。如何围绕受众需求研发定制型的传播模式成为一个重要课题。融媒体时代，衡量一个媒介产品是否优秀的重要标准是能否培育受众成为传者。策划媒介产品需要从思维方式、语言表达、行为特征、心理诉求、话语领袖等方面综合考量，在迎合而不盲从中找到最合适的传播路径。云冈石窟作为佛教文化的典型代表，博大精深，用年轻人喜欢的方式做文化内涵的呈现，轻松又精致，准确又自由。

一种文化的吸引力在于它与受众的对话方式，运用创意活动是一种非常好的满足个性化需求的方式。开发互动游戏，通过虚拟现实技术让参与者足不出户便可参观。截至 2020 年 12 月，我国网络视频用户规模达 9.27 亿，较 2020 年 3 月增长了 7633 万用户，占网民整体的 93.7%。其中短视频用户规模为 8.73 亿，较 2020 年 3 月增长 1.00 亿用户，占网民整体的 88.3%。短视频传播平台势头十足，以短视频的方式进行云冈石窟文化的传播成为满足受众个性化需求的必然选择。

云冈石窟文化传播做了积极的尝试，如结合网络流行语重点解读石窟，让云冈文化具有现代色彩，适合年轻人的喜好。线下主办相关知识培训班，如壁画保护修复与日常保养，深入挖掘世界文化遗产的历史与文化内涵，更好地传承传统文化。云冈石窟的皮影、木偶馆等演绎中心，以及《皇家礼佛》巡游表演、北魏民间风情展示都可以借助移动端进行直播，大大满足游客的需求。

融媒体平台的打造提供了渠道传播的可能性，但不代表内容传播的必然性。融媒体时代，还要考虑对社交的应用，跟别人聊天的时候进行转发、分享并加上个人的意见，受众的主体意识不断加强，具有强烈的自我分辨力，特别尊重自我的"感同身受"。3D 打印、数字壁画、VR 体验，全方位、多层次展现云冈石窟的经典艺术魅力，体现现代科技与文化遗产的完美结合。"行走的"云冈，无与伦比的精彩。

云冈石窟研究院发起的摄影艺术大赛让游客在体验中记录心目中的云冈美景。以这种思维传播云冈石窟文化，可以尝试对市民开展"诗文创作"征集活动，"我与云冈石窟短视频"评选，线下开设手工制作，文化课程、社交体验活动等，在体验中感悟，在体验中传播。

结束语

　　云冈石窟作为北魏政治文化的重要载体，融多种元素为一体，是中西文化融会的典范，是游牧文化与农耕文化融会的结晶。多样文化的凝聚形成了独特的云冈风格。本书以云冈文化、云冈石窟的艺术价值与纹饰图案作为基础，认为云冈石窟文化传播实践一定要遵循新的传播规律，培育多元化的传播主体，尊重受众的"感同身受"，围绕受众需求研发定制型的传播模式，以"培育"受众带动分享式传播，增强裂变式传播的源动力，从而创造出更多针对个性化需求的云冈石窟文化内容，为参与者创造舒适的体验感。同时立足既有空间，放眼全球文化传播，做好世界遗产传承和保护的同时，注重文创形式与运营方面的成果，让云冈石窟的文化价值得以综合显现。

参考文献

［1］郝春涛.电子媒介时代云冈文化传播途径［J］.山西大同大学学报（社会科学版），2011（5）：34-36.

［2］何丹虹.云冈石窟"飞天"伎乐舞的审美范式研究［D］.长春：东北师范大学，2013：7-32.

［3］霍静.简析云冈石窟造像的鲜卑特色与文化多样性［J］.黄河之声,2020(13)：148-149.

［4］霍静.云冈石窟不同时期雕像服饰初探［J］.黄河之声，2020（19）：164-165.

［5］吉代荣.云冈石窟窟顶雕饰图案研究与再设计［J］.文艺生活，2021（8）：155,160.

［6］凌建英，赵琦.云冈文化的精神追求与传承理念［J］.文艺理论与批评，2010（6）：138-140.

［7］凌建英.云冈文化的核心价值与发展理念［J］.艺术评论，2008（4）：69-72.

［8］刘东.云冈石窟在北魏时期所发挥的文化作用［J］.科教导刊，2020（25）：156-157.

［9］刘鸿庆.跨文化交流视角下云冈石窟文献的人文精神研究［J］.名作欣赏，2019（9）：46-48.

［10］刘鸿庆.云冈石窟文献中体现的美学价值［J］.文化产业，2019（14）：27-29.

［11］刘慧.文化遗产传播体系构建研究［D］.厦门：厦门大学，2014：8-53.

［12］刘小旦.北魏云冈石窟艺术发展源流探析［J］.晋中学院学报，2020（5）：
63-69.

［13］刘晓娜.云冈石窟中舞蹈形象的表情研究［D］.保定:河北大学，2019:9-38.

［14］祁岩.云冈石窟中忍冬纹装饰图案的应用与创新研究［D］.天津：天津科
技大学，2017：13-44.

［15］师若予.上海博物馆藏云冈石窟造像残件整理［J］.故宫博物院院刊，2020
（8）：51-59.

［16］石松日奈子，王云.云冈石窟的皇帝大佛——从鲜卑王到中国皇帝［J］.故
宫博物院院刊，2020（12）：4-19.

［17］姝娜.云冈石窟忍冬纹研究［J］.山西大同大学学报（社会科学版），2020
（6）：56-59.

［18］谭建梅.云冈石窟忍冬纹样在本土品牌中的再设计［J］.设计艺术研究，
2020（6）：75-79.

［19］王海燕.融媒体语境下云冈石窟文化的传播策略［J］.山西大同大学学报
（社会科学版），2019（6）：52-55.

［20］王鹏华.双维度文化适应下的云冈造像纹饰形制设计研究［D］.大连：大
连工业大学，2018：12-69.

［21］王烜华.云冈石窟雕刻的弦乐器［J］.山西大同大学学报（社会科学版），
2020（1）：62-66.

［22］文莉莉.从视觉艺术角度分析云冈石窟的建筑空间及造像特点［J］.文物鉴
定与鉴赏，2020（7）：66-68.

［23］文莉莉.云冈石窟佛教文化研究［J］.文物世界，2020（2）：42-44.

［24］吴云丽.云冈石窟狮子雕刻的特征［J］.魅力中国，2020（32）：363-364.

［25］伍玥.论云冈石窟艺术价值的形成和发展［D］.上海：上海交通大学，
2012：13-41.

［26］闫东艳.丝路文化传播中审美意蕴的衍变——以云冈石窟雕造艺术为例［J］.山西大同大学学报（社会科学版），2020（1）：71-74.

［27］杨俊楠.明清时期云冈石窟保存状况析论［J］.敦煌研究，2020（5）：95-100.

［28］姚雅琪，陈吟秋.浅析云冈石窟造像艺术［J］.文艺生活，2020（21）：24.

［29］张帆.云冈石窟的窟顶雕刻造型研究［D］.太原：山西大学，2020：10-12.

［30］张希.再论法华思想在云冈石窟早期石窟的图像表现［J］.湖北美术学院学报，2020（4）：53-61.

［31］张月琴.民国时期云冈石窟佛头盗毁事件与媒介传播［J］.山西大同大学学报（社会科学版），2020（2）：70-72.

［32］章咪佳.云冈石窟迈出"走"世界第一步［J］.人民周刊，2020（3）：60-61.

［33］周世菊.基于数字化理念与方法的云冈石窟文化遗产保护［J］.山西师范大学学报（自然科学版），2016（2）：108-111.